O presidente que sabia javanês

Angeli
Carlos Heitor Cony

O presidente que sabia javanês

©2000, Angeli e Carlos Heitor Cony
©2000 desta edição, Boitempo Editorial

Indicação, seleção e notas
Flamarion Maués

Revisão
Sandra Regina de Souza

Capa
Antonio Kehl e Ivana Jinkings
(sobre desenho de Angeli)

Diagramação
Antonio Carlos Kehl

Produção gráfica
Sirlei Augusta Chaves

Fotolitos
OESP

Impressão e acabamento
Lis Gráfica

ISBN 85.85934.67.0

Nenhuma parte deste livro pode ser utilizada ou reproduzida
sem a expressa autorização da editora

1ª edição: outubro de 2000
1ª reimpressão: janeiro de 2001

Todos os direitos reservados à:
BOITEMPO EDITORIAL
Jinkings Editores Associados Ltda.
Av. Pompéia, 1991 – Perdizes
São Paulo – SP – CEP: 05023-001
Telefax (11) 3865-6947
E-mail: boitempo@ensino.net

Sumário

Prefácio 7

1994: Um plano e um candidato 9

1995: Primeiro reinado 13

1996: Velhas palavras 35

1997: Tudo pela reeleição 57

1998: O servo do poder 85

1999: Cinzas de Vila Rica 137

2000: Nosso homem em Brasília 171

Notas 197

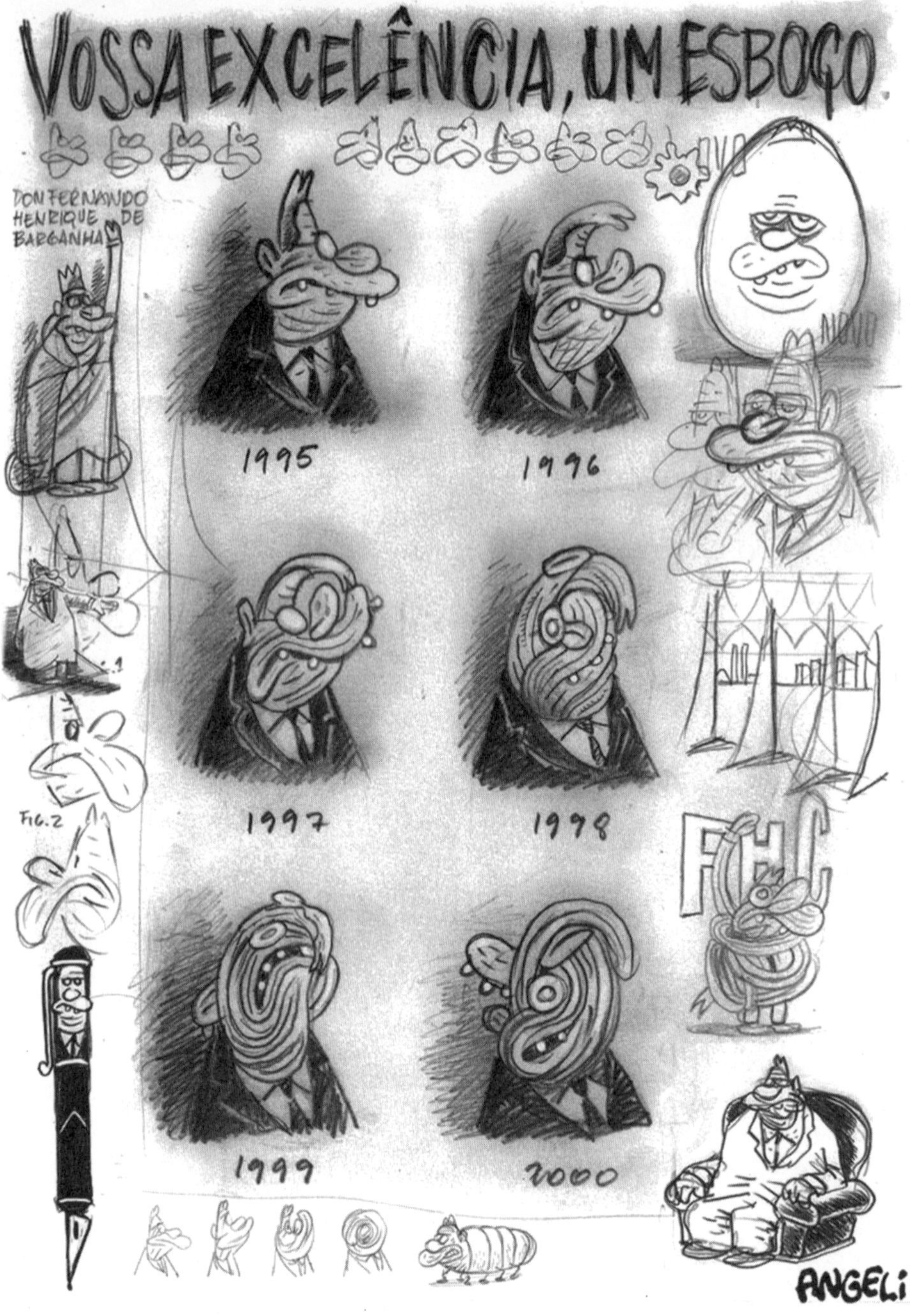
VOSSA EXCELÊNCIA, UM ESBOÇO
DON FERNANDO HENRIQUE DE BARGANHA
1995
1996
1997
1998
1999
2000
FIG. 2
FHC
ANGELI

Prefácio

Reflexão e revolta

Paradoxo ou contradição pessoal, mais uma vez estou cometendo a tolice de esticar em livro o efêmero do jornal. Fiz isso no passado, num momento em que julgava importante marcar uma posição contrária ao regime totalitário que se instalava no Brasil, em 1964. Relendo as crônicas daquele tempo, eu próprio não compreendo a miudeza dos atos e fatos que me levaram àquela atitude, mas dela não me arrependo. São trabalhos datados, certamente incompreensíveis à geração mais nova. Contudo, tiveram sua razão de ser. Se não salvaram a nação, acho que pelo menos salvaram a minha dignidade de cidadão humilhado e ofendido pela ditadura.

Acreditava que não reincidiria na tolice. Os tempos mudaram mas alguns dos problemas fundamentais da realidade social e política do país formaram um pano de fundo lamentável para nossas aspirações de nação e de povo. Continuamos enganados pelas elites que se revezam no poder. O totalitarismo militar foi substituído pelo totalitarismo econômico que está criando, entre outras crueldades, a mais injusta concentração de renda do mundo contemporâneo.

Representante máximo e responsável maior por este período equivocado da vida nacional, o presidente da República, em que pesem suas qualidades pessoais de homem comum, vem se revelando o algoz de uma sociedade que ele deveria ser o primeiro a procurar entender.

Fez promessas que não cumpriu mas cumpriu o dever de casa imposto pela hegemonia econômica e cultural, aplicada truculentamente pelos organismos internacionais que policiam a *pax* oriunda do Consenso de Washington. Com isso, fez o Brasil regredir a uma situação colonial.

As crônicas que formam este volume, agora enriquecidas com as charges de Angeli, foram escritas a partir de 1994, publicadas na *Folha de S.Paulo* e transcritas em outros jornais do país.

A seleção não foi minha, mas da editora Ivana Jinkings, a quem devemos este lançamento*. Este livro ficará datado, é certo, mas além de uma reflexão contrária ao pensamento único do neoliberalismo globalizado, representa um momento de revolta proporcional ao nível de insensibilidade social que domina a cena brasileira neste fim de século.

Carlos Heitor Cony
agosto de 2000

---

* A pesquisa e a seleção inicial das crônicas foram feitas por Flamarion Maués (nota da editora).

1994
Um plano e um candidato

FHC sabe javanês

Docemente constrangido, rubro de modéstia como um personagem de Nelson Rodrigues, o ministro da Fazenda admitiu o que todo mundo – ele próprio em primeiro lugar – sabia: se for "necessário", será candidato à sucessão de Itamar Franco.

Foi recebido com foguetório em Goiânia e já está distribuindo cestas básicas. Até aí tudo bem. Pior é o discurso: ele fala como se fosse oposição, esquecendo-se de que é a posição principal do caos econômico que marca a situação. Tudo o que fala, politicamente correto é claro, ficaria bem em qualquer boca, menos na dele. Afinal, é nele que o governo colocou a responsabilidade de combater a inflação, a sonegação, a recessão e (para rimar) a esculhambação que paira sobre a vida da nação.

FHC lembra aquele homem que sabia javanês do conto de Lima Barreto. Precisavam de alguém que soubesse javanês, o cidadão apresentou-se e foi aceito. Como ninguém sabia javanês, ele ganhou fama e espaço na mídia: era o homem que sabia javanês e pronto. Comia de graça as empadinhas de camarão na Colombo, era recebido nos salões, dava palpites sobre qualquer assunto. De um homem que sabe javanês esperam-se coisas formidáveis. Exercia mais do que um ofício circunstancial: era um sacerdote, um mago, um oráculo – tudo porque sabia javanês.

A única diferença entre FHC e o personagem do conto é que o homem que sabia javanês sabia que não sabia javanês. FHC é o primeiro a acreditar que sabe javanês.

Esquecendo a ficção e enfrentando a realidade: o único trunfo do ministro em ter chance como candidato depende da queda da inflação. Ela só virá, agora, através de um truque igual ao do Plano Cruzado ou do Plano Collor, feitos para durar dois ou três meses. Tanto um como o outro foram uma espécie de cesta básica para tapear a fome também básica de imensa legião de esfomeados crônicos.

O açodamento de FHC pelo poder já lhe trouxe o vexame da Prefeitura de São Paulo, quando sentou-se antes do tempo numa cadeira que não era dele. Jânio Quadros dedetizou aquilo que ele chamava de "curul" – e isso me dá uma suspeita: talvez Jânio Quadros soubesse javanês.

17/1/94

Informação de cocheira

Considero provável que FHC ignore ou, amortecido pelas pesquisas, não tome conhecimento da monstruosa máquina que está sendo montada para elegê-lo. Como animal político, a ele interessa o poder. Tem uma biografia que o credencia. Em muitos sentidos, é o melhor candidato, mas ameaça ser o pior presidente, um Collor metido a *light*.

O páreo sucessório lembra os páreos do hipódromo. Os competidores são puros-sangues. Em dias de clássico, o páreo principal é formado por campeões, por filhos e netos de campeões. Uns três ou quatro são dignos de vencer, mas somente um deverá ser o primeiro a cruzar o disco de chegada.

É aí que entra a cobiça humana. Treinadores, produtores, apostadores, *bookmakers* – uma fauna complicada cria arapucas aqui e ali, há subornos, há toma-lá-dá-cá, *doping*, sabotagem – vale tudo para fazer um vencedor. Indiferente ao que se passa, o cavalo só pretende uma coisa: cumprir o seu instinto de puro-sangue, vencer.

A comparação veio quando li que um milionário brasileiro contratou um técnico americano, já testado na campanha de Clinton. A notícia fala em US$ 1 milhão, preço de mercado para esse tipo de ofício. Pode-se perguntar: quantos outros milhões de dólares dos abnegados simpatizantes da candidatura FHC não estarão rolando por aí?

Os *bookmakers* fazem um investimento de risco para, de uma forma ou outra, ganharem à custa do vencedor. Foi exatamente o que ocorreu na campanha de Collor, quando PC convenceu muita gente de que o melhor candidato, o melhor puro-sangue era o caçador de marajás. Dinheiro e votos correram para Collor com essa informação de cocheira.

Não vem ao caso saber se FHC tem ou não consciência do que está rolando no *backgroud* de sua campanha. Pedem dele apenas que vença – tal como fizeram com Collor. E FHC tem uma vantagem sobre FCM: não há nenhum irmão como Pedro Collor.

3/9/94

1995
Primeiro reinado

O guru do garboso

Nem Max Weber nem Albert Hirschman. Apenas Acácio, o conselheiro, personagem de Eça de Queiroz mais ou menos chupado de modelos existentes em outras literaturas. O Acácio eciano ganhou popularidade maior, transformou-se num símbolo – nem o seu autor imaginou que ele se tornaria guru de alguém ou de alguma coisa.

É assim que Eça descreve Acácio: "Citava muito. Era autor. Ocupava-se de economia política: tinha composto os 'Elementos Genéricos da Ciência de Riqueza e Sua Distribuição'".

Não conheço, detalhadamente, a produção cultural do presidente, mas acredito que o título do livro de Acácio poderia figurar na relação de suas obras completas. O que li de FHC, até agora, coincide espantosamente com o pensamento claro, insofismável e óbvio do conselheiro.

No último domingo, a *Folha* destacou uma de suas frases típicas e lapidares: "Serviço público é para servir o público". Irretocável. Nem Acácio diria melhor.

Daí o meu espanto quando li a matéria de capa numa revista que apresenta FHC como "um garboso senhor de 60 e tantos anos". Pensei que a revista estivesse a sugerir essa herança espiritual de Acácio, pois o conselheiro era igualmente um garboso senhor de 60 e tantos anos, embora calvo – na época, a calvície era uma espécie de código entre os conselheiros.

Depois, mais para dentro do texto, verifiquei que o legado de Acácio podia ser distribuído eqüitativamente entre o presidente e a própria revista. Ao descrever a recepção em Brasília, *Veja* se superou ao constatar que dona Ruth Cardoso "brilhou como um farol na festa no Itamaraty". Bem verdade que Acácio teria colocado um ponto de exclamação no final da frase, mas o redator já havia gasto a sua cota, usando belíssima e oportuna exclamação no início do texto: "Que surpresa! Ruth Cardoso, a antropóloga, a intelectual dos milhares de livros..." É o espírito de Acácio que está baixando sobre o governo e sobre a imprensa que o louva nas idéias, no estilo e no guarda-roupa.

11/1/95

Serra viu a vaca

Nem tudo está perdido. Dou a ímpia mão à palmatória. Pela primeira vez admito que a alacridade do novo governo se justifica e que realmente chegamos ao futuro, ao Primeiro Mundo e mais chegaríamos se houvesse onde chegar.

O ministro do Planejamento, suponho que vacinado e maior de idade, teve afinal a sua epifania, a sua estrada de Damasco, o seu encontro definitivo com a modernidade: viu uma vaca.

Não se tratava de um vaca mítica, cuja garupa palustre e bela foi cantada na "Invenção de Orfeu" e lembrada por mim em crônica recente. A vaca que o Serra viu foi uma vaca comum, simples e belamente vaca, balaio de ervas, alimentícia, uma vaca no uso e gozo de sua função de vaca.

Homem de cidade, intelectual que dorme pouco e pensa muito, até domingo passado o ministro não tivera vagares nem curiosidade para ver uma vaca. Evidente que muitas vacas cruzaram seu caminho, na curva de uma estrada, num presépio de igreja, num filme pastoral de John Ford, até mesmo num açougue, já fatiada para a cesta básica.

Zé Serra não dispunha de espaço mental para as vacas, para ver como elas são e de que são feitas. Em sua cabeça, vaca devia ser uma instituição, uma categoria aristotélica, uma entidade esotérica como, para mim, é a teoria dos quanta, a cibernética e o legado cultural do Elvis Presley.

Felizmente houve a vaca e o ministro. Encarregado de planejar nosso futuro, ainda bem que José Serra tomou conhecimento da vaca em início de gestão. Quando agora se sentar à mesa dos Grandes Conselhos, ele terá um fato novo para incorporar ou ameaçar seus pares, muitos dos quais, pelo jeito, nem imaginam o que seja e para que serve uma vaca.

José Serra viu a vaca – é uma revelação, um ponto de não-retorno na história do nosso planejamento público. E, seguramente, será o anúncio de que ele não deixará sua última descoberta ir para o brejo.

15/1/95

O muro e a Previdência

No varejo doméstico, presidido pelo neoliberalismo disfarçado em social-democracia do atual governo, a sabedoria reside no binômio Muro-Previdência. Trata-se de uma forma cabalística que serve para tudo, um tipo de maravilha curativa que fecha qualquer úlcera social.

Os trabalhadores de uma empresa vinculada a poderoso grupo internacional estavam seis meses sem receber salários. Fizeram greve. Depois das negociações habituais, o piquete grevista ameaçou depredar alguns equipamentos. Chamaram o presidente da *holding* – que devia o seu cargo, entre outros méritos, ao fato de saber tratar dessas questões.

O empresário mandou entrar em seu escritório um comitê de seis representantes dos grevistas, serviu cafezinho e água gelada, distribuiu uma flâmula da campanha contra os acidentes no trabalho e, em tom paternal, perguntou: "Meus filhos, vocês não sabem que o Muro caiu?".

De início, os grevistas não entenderam que muro era. Eles queriam receber seis meses de salário, somente isso. A que muro o patrão se referia? "Ao de Berlim, meus filhos, o socialismo já era, faliu vergonhosamente, vocês estão na contramão da história etc. etc."

A segunda parte do binômio é a Previdência. Impossível aumentar o mínimo escrachante, o governo é o primeiro a reconhecer a vergonha dos R$ 70 que não dão sequer para a cesta básica. Mas a Previdência, meus filhos, está falida. É demagogia pensar em aumentar os salários sem antes reformar a Previdência.

Mais da metade da classe trabalhadora, entre outros motivos porque não se alimenta nem se cuida devidamente, jamais chega aos umbrais da Previdência. Morre pelo caminho. Mas tudo bem, meus filhos. Ainda teremos uma Previdência exemplar, igual à dos congressistas, que em apenas oito anos garantem salário para o resto de seus dias na face da Terra. Por falar em terra, meus filhos, vocês estão com tudo, vocês herdarão a própria terra.

27/1/95

Neoliberal é a vovozinha

Além de criticar diariamente alguns ministros e o governo como um todo, ACM classificou de hipócrita um pronunciamento do próprio FHC. É uma restrição grave, pois a hipocrisia pressupõe defeitos igualmente graves, como a mentira e o dolo: o hipócrita finge ou mente para obter alguma coisa moralmente condenável.

Pensei que o presidente da República reagiria de alguma forma. Ledo e ivo engano. Esqueci que, tão superior às misérias da condição humana, ele jamais se rebaixaria a responder a um senador baiano.

Terça-feira, no almoço com as lideranças sindicais, a nobre superioridade presidencial foi para o brejo. FHC desceu à vala comum dos mortais, virou fera para recusar o labéu de neoliberal. Parece que ele aceita tudo, menos isso. Vi nos telejornais que perdeu até mesmo a serena cordialidade que o marca e, em certa medida, o engrandece.

Bolas, FHC não se aceitou ainda como neoliberal de carteirinha, diploma de sócio remido pendurado na sala, flâmula tremulando na antena do carro. Nhenhenhém, nhenhenhém. Para todos os efeitos ele se diz social-democrata – rótulo confortável para sustentar o extinto charme de um intelectual que fez carreira à esquerda do processo.

A irritação demonstrada pelo presidente é reveladora. Que o chamem de hipócrita – tudo bem, ele nem está aí. Agora, neoliberal é a vovozinha. O rótulo deve mexer com as entranhas ideológicas do presidente, que passou parte da vida desprezando os liberais, ou, pelo menos, nada querendo com eles.

É fácil associar esse tipo de fobia por um sistema ideológico a um sentimento de culpa. Nunca fui entusiasta de Freud, a única verdade que descobri nele foi a advertência de que um charuto às vezes é um charuto. Um neoliberal, às vezes, é um neoliberal.

17/2/95

1995: Primeiro reinado 19

Pois é, eu sempre achei a idéia de que "o poder enfeia as pessoas" pura cascata e, como prova disso, utilizo aqui um exemplo qualquer.

FHC, ATRAVÉS DOS TEMPOS

Dizem que quando estudante, Fernando era um jovem bonito.

Depois, já um intelectual famoso, além da beleza, ganhou um charme irresistível.

Mais tarde, ingressou na política e suas formas arrastaram legiões de fãs.

Nomeado ministro da Fazenda, suas feições se desregularam um pouco, mesmo assim não perdeu a linha.

Hoje, presidente da República, não se pode dizer que está bonito. Mas também não cabe afirmar que está feio.

Agora, sinceramente, se houver a sua reeleição: **LAVO AS MINHAS MÃOS!!**

"Uma reforminha aqui..." "Outra ali..." "E tá limpo!"

ANGELI

A grande desculpa

Eficiência e credibilidade do governo entraram em baixa. Mas tudo tem explicação: nada poderá ser feito enquanto não forem encaminhadas as reformas. A fórmula é meio cabalística: "Encaminhamento das reformas".

A distância entre o Planalto e o Congresso parece que é de 500 metros, nunca fui lá medir, mas deve ser mais ou menos isso. Para encaminhar as reformas o governo precisará de mais tempo do que Vasco da Gama para se encaminhar às Índias.

Durante o regime autoritário, diversos grupos, fragmentados ideologicamente, estavam dispostos a lutar contra o arbítrio, mas faltava ao movimento um eixo, um núcleo estruturado. Cada qual fazia o que podia ou queria e houve terrorismo e até apelos à luta armada.

Naquele tempo, âncora era apenas um objeto naval. Não tinha o poético sentido de hoje. Pois era isso: faltava uma âncora que amarrasse o inconformismo de numerosos setores da sociedade contra o regime militar.

Âncora natural seria o velho Partidão, que tinha infra-estrutura, quadros e apreciável *know-how* internacional. Mas o Partidão, mais interessado em dar cobertura à política externa da extinta União Soviética, não só recusava apoio, mas remava contra, alegando que "não havia condições objetivas". Ninguém sabia que condições objetivas seriam aquelas, o fato é que o regime durou 21 anos e mais duraria se dependesse do Partidão.

O governo está adotando técnica parecida. Enquanto não forem encaminhadas as reformas, não haverá condições objetivas para nada. O prometido Eldorado tucano está às portas, tudo pronto, azeitado, definitivamente enquadrado. Só não existe realmente porque as reformas ainda não foram encaminhadas.

Outro dia, contei a história do empresário que atrasou o pagamento dos seus funcionários por seis meses. Recebendo a comissão de grevistas que exigiam uma solução, o empresário saiu-se com uma pergunta: "Meus filhos, vocês não sabem que o Muro de Berlim caiu?".

Li que uma comissão foi reclamar de um ministro providências sobre as mensalidades escolares. O ministro usou o Muro de Berlim que tinha à mão: resolveria tudo depois do encaminhamento das reformas.

11/3/95

O fim que não acaba

FHC anunciou o fim da Era Vargas. Em 1945, decretaram o fim de Vargas quando ele partiu para o exílio em São Borja. Nove anos depois, entre 4h e 8h30 da manhã de 24 de agosto de 1954, novamente festejaram o seu fim. Um radialista que entrara no Catete chegou a ver Getúlio de bombachas, arrumando as malas para novo exílio.

Mas o que o Brasil viu foi o mesmo Vargas, num pijama listrado, com uma única diferença dos outros pijamas: um furo de bala à altura do peito. Dez anos mais tarde, em 1964, foi novamente proclamado o fim de sua era. Durante os 21 anos seguintes era proibido mencionar seu nome.

Cid impenitente, mesmo depois de morto continuou aborrecendo as elites que sonham em ter o Brasil no Primeiro Mundo à custa de um povo que vive e sofre o último dos mundos.

Não vem ao caso o nome ou a pessoa de Vargas. Importa é que ele encarnou, como nenhum outro vulto de nossa história, a preocupação social que será o referencial definitivo para o século que acaba.

Certo de que algumas experiências, e muitos dos métodos adotados, naufragaram na demagogia e na violência. Mas a quimera que produziu os códigos morais da humanidade, nela se incluindo o cristianismo, a Reforma e o socialismo, o sonho impossível de todos os homens da Mancha que lutaram contra moinhos de vento, a utopia pela qual tantos morreram em todas as partes do mundo e em todos os tempos da história, essa quimera, esse sonho, essa utopia não acabarão.

Como não acabaram quando Vargas foi deposto duas vezes, nem quando a bala atravessou o seu peito.

Vargas foi temerário ao escolher uma estrada solitária. Nem à esquerda nem à direita. Tentou o mais difícil: a revolução pelo centro. O erro lhe custou caro.

Independente de Vargas, que errou e morreu, a idéia continua. A idéia e a luta, embora sob disfarces às vezes repugnantes, como o corporativismo, e, em alguns casos, o nacionalismo. A arena aguarda novos gladiadores. Mais cedo ou mais tarde eles brotarão da terra e do sonho: o duelo não terminou.

31/3/95

Fisiologismo ideológico

Impressionantes os recuos do governo. Não há semana em que o presidente da República não seja docemente constrangido a mudar de idéia ou de rumo. Docemente, também, ele explica que o recuo não vai interferir no seu programa e propósitos.

FHC levou para o poder 34 milhões de votos e apenas um equívoco que anula todos esses mandatos da expressão popular. Ele deve acreditar que votaram nele, FHC, professor, homem de bem, boa praça, simpaticão, cordato etc. Até eu torceria para que isso fosse verdade.

Votaram num espécime saído de laboratório, num frankenstein incruento, mas artificial e maligno. O candidato representou e absorveu apetites (o Jânio Quadros gostava muito de falar nesses "apetites").

Com as alianças que promoveu e aceitou, com os compromissos que buscou e foi obrigado, o candidato metamorfoseou-se no animal que conhecemos: o presidente escravo de acordos e interesses.

Fernando Henrique levou para o poder um projeto de governo, uma idéia de Estado. Eu não assinaria seu projeto, mas antes isso do que o fisiologismo ideológico que está comprometendo o seu tumultuado início de mandato.

Ao falar em fisiologismo ideológico não estou cometendo uma contradição entre termos. Talvez devesse falar em ideologia fisiológica. Dava no mesmo, talvez.

Ele quer encurtar o Estado, quer cortar o déficit, quer moralizar. Quer uma porção de coisas que julga boas e apropriadas para o país. Mas os aliados, os caciques que o elegeram, cobram o trivial variado, o forno e fogão da política. Gente que, junta, não teria um milhão de votos, impõe um milhão de compromissos.

Não adianta FHC alegar os 34 milhões de eleitores que nele votaram. Qualquer um desses caciques facilmente demonstraria que esse eleitorado nunca existiu realmente. Sobra ao presidente o dilema tradicional: ou dá ou desce. Collor tentou não dar e desceu. FHC recua. De recuo em recuo, ele desfigura sua imagem. E fabrica semanalmente um clima de insegurança e incompetência.

27/4/95

Sagrada uma ova!

Entre as coisas que não entendo – ou entendo cada vez menos – está o direito de greve. Vejo os informadores de opinião se esgoelarem, afirmando que o direito de greve é sagrado.

Eles não dizem o mais simples, que seria: o direito de greve é constitucional. Dizem "sagrado" e dão piedosa entonação a esse "sagrado", como se estivessem dentro do Santo dos Santos – o local mais sagrado do Templo.

Apesar de sagrado, fazem questão de lembrar que o direito da greve termina onde começa o direito dos outros. Greve nos transportes prejudica quem se dirige aos locais de trabalho. Greve dos carteiros prejudica missivistas e destinatários. Greve de prostitutas prejudica os usuários – que garantem a tradicional profissão.

Ainda não vi o filme *Germinal*. Mas li o romance de Zola três vezes. É a história de uma greve. Ao paralisar o trabalho nas minas de carvão, os grevistas prejudicavam a sociedade inteira, que ficava sem aquecimento para as noites de frio e sem fogo para cozinhar os alimentos. Nem todos tinham alimentos para cozinhar mas deixa pra lá.

As negociações entre grevistas e patrões, basicamente, continuam as mesmas. Apela-se ou para a caridade ou para o conforto e bem-estar da maioria. A polícia, que é ineficaz no combate ao crime, quando se trata de combater greve é de exemplar eficiência.

Na atual greve dos petroleiros, houve acordo (verbal) com o presidente da República e protocolo (assinado) garantindo o pleito dos trabalhadores[1]. Pode-se argumentar que quem pariu Mateus que o embale: no caso, Itamar é quem deveria embalar Mateus. Mas quem está no poder há mais de dois anos é Fernando Henrique Cardoso.

Tal como nos tempos de *Germinal*, os grevistas de hoje continuam traídos cinicamente pela aparente rotatividade do poder. Aparente, porque o Executivo (que é rotativo) executa sempre o mesmo poder. Quanto ao aproveitamento político da greve, o governo está lavando a égua, nem por isso consegue lavar as mãos.

18/5/95

Espinha dorsal

Em quatro jornais e em quatro telejornais, li e ouvi a expressão que se transformou em hino de louvor ao mais forte: "O governo quebrou a espinha dorsal do movimento sindical". Não vou entrar no mérito da questão, pessoalmente, acho que a greve dos petroleiros, embora justa, justamente porque foi considerada injusta pela Justiça, saiu dos trilhos, foi mal administrada e pessimamente operada. Os grevistas deveriam imaginar o mau humor da sociedade sem o petróleo que a transporta e lubrifica.

Mas lembro uma pesquisa antiga que fiz sobre Canudos e Palmares – dois movimentos populares que também foram mal administrados. O editor que me encomendou o trabalho mudou de idéia, e eu acabei escrevendo um livro sobre Getúlio Vargas.

Mesmo assim, guardei o material que pesquisei e, em busca de identidades ou analogias entre os dois movimentos, pincei uma frase que encontrei em relatórios oficiais das respectivas épocas. A frase é exatamente a mesma que agora está sendo brandida em louvor ao poder. "O governo quebrou a espinha dorsal do movimento rebelde!" (O ponto de exclamação foi cassado pelos manuais de redação, mas antigamente era obrigatório numa manchete.)

O diabo é que a história de um país é escrita pelo povo e não pelo governo, muito menos por um governante comprometido com um esquema montado para favorecer cada vez mais as elites.

Zumbi e Antônio Conselheiro, cada qual a seu modo, são heróis do povo brasileiro. Seus algozes são mais ou menos anônimos, os capitães-do-mato – que serviram aos esquemas de força – ocupam a lixeira mais repugnante da história.

São muitos os que justificam a mudança de posição ideológica com uma desculpa: o mundo mudou. O livro mais sábio da humanidade garante que nada é novo sob o sol. O mundo gira, o frederico trota, a lusitana roda – e tudo continua o mesmo. Inclusive no desprezo que a posteridade sente pelos quebradores da espinha dorsal dos mais fracos.

5/6/95

Reich de 20 anos

Poucas vezes terei oportunidade de louvar o ministro Sérgio Motta, também conhecido pela carinhosa alcunha de Mottão, pelo uso de suspensórios e pelo volume geral de sua figura. Garantiu ele, na qualidade de *deus ex-machina* do governo, que o PSDB vai ficar no poder pelo menos uns 20 anos.

Louvo-lhe sobretudo a modéstia. O último visionário que passou pelas páginas da história prometeu um reino de mil anos – e chegaria lá se o resto do mundo não atrapalhasse. Mas antes de Hitler tivemos delírios mais audaciosos, como o daquele imperador assírio que nem sequer se limitou a um prazo e prometeu que seu império duraria até o fim dos tempos.

Ainda bem que Serjão faz por menos. O governo está obtendo apoios suculentos, com um assombroso esquema de financiamento. Depois da Petrobrás e da Vale, o PSDB descobrirá que a Amazônia não é moderna, impede a globalização da economia, deverá ser privatizada. Quando o chapéu passar entre os interessados, haverá combustível para garantir os 20 anos prometidos.

Estrategista a longo prazo, Serjão cuidará desses 20 anos de poder. As miudezas – por exemplo, quem vai substituir FHC (se é que ele será substituído) – estão por conta de José Serra. Sua função é trancar o dinheiro público (o ministro Adib Jatene vai acabar implantando safenas e mamárias em si próprio) e defender os interesses dos empresários mais graúdos que suplementarão a caixa da próxima campanha.

Corre por fora (e bota fora nisso) o Ciro Gomes, cuja pretensão vai beneficiar Serjão, que tem um *tertius* no bolso: o próprio FHC. Para mudar a lei, há maioria no Congresso, desde que haja óleo suficiente para lubrificar a máquina. Afinal, os congressistas não gostam de largar o osso, precisam de campanhas modernas para se reelegerem.

Como afirmam os intelectuais do neoliberalismo, o debate ideológico está superado. Manda quem pode. Quem pode é o dinheiro. O dinheiro é fácil de ganhar quando se dá mais dinheiro a quem já tem dinheiro. O resto é nhenhenhém daqueles que ainda não sabem que o Muro de Berlim caiu.

23/6/95

1995: Primeiro reinado 27

Pregos e pregão

Mais por coincidência do que por destino, ocupo hoje uma sala que foi o último gabinete de trabalho de Juscelino Kubitschek aqui no Rio. Outro dia, mexendo em velhos papéis dos tempos em que o ajudei na edição de suas memórias, reli uma correspondência sua com investidores da área siderúrgica.

O capital estrangeiro fazia uma exigência: a instalação de alguns milhões de quilowatts a mais, só para atender a demanda da nova usina. Os técnicos nacionais sugeriram a venda de empresas estatais para custear o aumento da oferta de energia. O despacho final de JK foi curto e grosso: "Não se vende patrimônio para custeio".

Em tempo: a usina foi construída, e, paralelamente, JK arranjou os quilowatts a mais que ela precisava sem torrar um tostão do Estado.

Durante a última campanha, FHC prometeu repetir JK. Até agora, seu governo não colocou um prego no patrimônio nacional. Pelo contrário: está tentando equilibrar contas, orçamentos e imagem como se o Brasil fosse a Suécia ou o Canadá, como se governasse um país pronto, com justiça social, boa distribuição de renda, com escolas, hospitais e estradas.

Pior: está vendendo patrimônio para custear goiabada[2] e viagens do governo. Vender a Vale do Rio Doce, por exemplo, para pagar os especuladores que foram atraídos pelas vantagens do nosso cassino público fatalmente leva à pergunta: quem vai ganhar a comissão?

Por ora, a Vale não será vendida, não por falta de vontade dos neoliberais, mas pela incapacidade de se saber quanto vale a Vale. A caixinha eleitoral que atendeu a demanda do atual governo, e se prepara para atender a próxima, já pode alegar serviços prestados para garantir o neoliberalismo com ou sem FHC na presidência.

Volto a JK. Ele não teve a pretensão de mexer no Estado. Aceitou as regras do jogo. Mas tantos pregos botou pelo país afora que criou realmente um novo Brasil. Já o atual governo, além de não querer nada com os pregos, promove o pregão que está leiloando o que não é dele.

24/6/95

A inteligência de Laval

Quando ouvi falar pela primeira vez em Fernando Henrique Cardoso, disseram-me que era homem inteligente, estava no Chile, em exílio voluntário, com amigos que eu conhecia aqui do Rio, como Thiago de Mello, Paulo Alberto (Artur da Távola), Ib Teixeira e outros. Eu estava na cadeia, recusei o exílio voluntário, achava que o meu lugar era aqui mesmo. Nesse tempo, eu já era burro e FHC inteligente – era isso o que eu queria dizer.

Na última reunião do PSDB, um pouco irritado pelas críticas à sua inteligência, FHC chamou a oposição de burra. Lembrei o pega-pra-capar na Assembléia francesa, em 1940, pouco antes do armistício que poupou a França da destruição, mas criou o regime de Vichy. O deputado Pierre Laval, que seria o *premier* da nova situação, teve um descontraído bate-boca com os adversários que não compreendiam a capitulação francesa, aquilo que Jacques Maritain considerou um "desastre" e, aqui no Brasil, Alceu Amoroso Lima classificou como "Noite de Agonia em França".

Laval chamou seus adversários de burros, exatamente como FHC acaba de fazer. Como não perceber a modernidade do nazi-fascismo que estava vencendo em todas as frentes? Tomando o poder em 1933, num país destroçado pela inflação e pelo Tratado de Versalhes, em apenas seis anos Hitler transformou a Alemanha na nação mais poderosa da história, capaz de declarar uma guerra total contra o mundo.

Do insulto verbal, chegou ao insulto físico. O episódio é controverso, mas há depoimentos que sustentam a cusparada de Laval num defensor da resistência. Além de burro, o resistente merecia o desprezo do cuspe: estava tumultuando o "processo", a modernidade que deveria prevalecer no século XX, com os competentes da raça superior dominando as sub-raças marcadas pela incompetência política e social.

Com a França libertada, Laval foi fuzilado pelos franceses livres. Seu nome é sinônimo de traição, de opróbrio, de ignomínia. Mas, enquanto durou o regime de Vichy, Laval foi bajulado e incensado pelos inteligentes de sempre.

5/7/95

Nem céu nem manteiga

Alunos de uma faculdade no Rio receberam o ministro Bresser Pereira com vaias e faixas de protesto. No fundo, uma rotina. Estudantes sempre tiveram esse tipo de vocação. Esquematicamente, como as crianças do salmista (*ex ore infantium*), eles falam o óbvio.

No caso do ministro Bresser, havia uma faixa lembrando que faculdade não é supermercado. Uma alusão ao tempo em que o ministro trabalhou num deles – o que não é em absoluto uma vergonha.

Acontece que, também esquematicamente, o neoliberalismo encara a sociedade com a mesma concepção de um feirante. Coloca numa coluna os gastos, noutra as vendas e o resultado, se negativo é prejuízo, se positivo é lucro. Essa mecânica, que é o chassi sobre o qual se monta o mercado, volta e meia é experimentada no funcionamento do Estado, como se a nação fosse uma padaria.

Nesse particular, os estudantes têm razão quando lembram o passado varejista do atual ministro. Ele acredita que enxugando os quadros, cortando despesas e cobrando eficiência o Brasil terá o desempenho de uma Coca-Cola, de um estúdio Disney, de uma Microsoft.

Ele estaria rigorosamente certo se estivesse gerenciando refrigerantes, diversões ou programas de informática. O desafio do governo não é apresentar lucro no fim do exercício. Por meio dos impostos, ele esfola a classe média para gerir um país que é campeão na injustiça social. A eficiência, que substitui os valores sobre os quais se estabeleceu o humanismo, só tem razão de ser ao servir a uma sociedade de forma diferente da que está sendo adotada pelo atual governo.

Gosto de ver a alacridade com que os arautos do neoliberalismo lembram que as ideologias morreram, o que interessa são os resultados. No início do fascismo, Mussolini dizia: "O cristianismo promete o céu. Eu prometo manteiga!". Tal como quer o PSDB, ele ficou no poder uns 20 anos. Até que seus compatriotas o penduraram de cabeça para baixo numa praça de Milão.

3/8/95

Estado e anarquia

O Estado é a besta negra do neoliberalismo. Por isso mesmo, o atual governo gasta a maior parte do tempo naquilo que chama de "reengenharia", diminuindo seu tamanho. Em linhas esquemáticas, decidiu-se que a esquerda defende o Estado ciclópico. O neoliberalismo, expressão recente da direita, se fosse possível gostaria de eliminá-lo, deixando sobreviver somente os órgãos que garantam o mercado.

Os filósofos pré-socráticos já haviam previsto que o antagonismo final não seria entre a tirania e a democracia, mas entre a democracia e a anarquia. Enquanto houver democracia, o consenso dos cidadãos manterá um Estado para expressar a sociedade desses cidadãos, estabelecendo as relações entre capital e trabalho, entre Estado e indivíduo. O contrário disso seria a anarquia.

Depois da Revolução Francesa, anarquia ficou sendo a besta negra do socialismo. Abolir o Estado para fazer prevalecer uma lei utópica, no fundo, seria fazer o jogo da direita. Os comunistas odiavam os anarquistas e tinham motivos para isso.

O neoliberalismo procura comer o Estado pelas beiras, com o mesmo sentido anárquico. Guindando o capital e o lucro ao pódio da sociedade (pódio foi feito exatamente para premiar os competentes), o grande adversário do neoliberal é o Estado que o obriga a distribuir renda, a pagar salários imerecidos. Resumindo: o Estado é o vilão que só atrapalha o capital, cerceando-o com encargos sociais, impostos descabidos e embaraços à sua livre expressão.

O paternalismo do Estado é herança de uma sociedade atrasada e tacanha. Dele, o neoliberalismo só precisa da polícia para manter a ordem. Mesmo assim, essa polícia não seria central, mas setorial: cada grupo, cada setor da economia, cada fábrica, cada família teria sua própria tropa.

Evidente que os mais eficientes teriam polícias melhores. Exatamente como tudo aconteceu, 4.000 anos atrás, antes dos pré-socráticos. Daí que eu acho graça quando o Serjão e o Bresser falam em modernidade.

13/9/95

O *transe* da terra

Amigo meu estava em Israel quando Jânio Quadros renunciou. Foi chamado por Ben Gurion, que desejava entender o que estava se passando no Brasil. Recebeu a explicação óbvia: Jânio tinha problemas para governar e preferira ir embora. Ben Gurion arregalou os olhos: "Como ter problemas? O Brasil tem tanta terra!".

Nada demais que Ben Gurion não entendesse as dificuldades de um presidente brasileiro. O problema de Israel era terra, terra que precisava ser disputada palmo a palmo contra o deserto, as pedras e os árabes em volta. Já o Brasil era o colosso verde no qual caberiam duas Europas e uns cem Estados de Israel.

Ben Gurion não sabia, ao menos naquela ocasião, que tanta terra pertencia a poucos e nada produzia. De 1961 para cá, a situação é praticamente a mesma. Tanto os governos militares como os seguintes fizeram alguns assentamentos, mas que não chegam a ser, nem sequer, a espinha dorsal de uma reforma agrária. É um paliativo para apaziguar tensões localizadas no chamado "barril de pólvora" que alimentou tantos sonhos da esquerda e tanto assustou a direita.

Por acaso ou não, depois da renúncia de Jânio, a reforma agrária foi tema inamovível do discurso político, econômico e social. Criou-se um movimento, a Tradição, Família e Propriedade, também conhecido pela alcunha de TFP, que considerava a reforma agrária uma façanha pessoal do demônio.

Nessa época, tanto FHC como metade do atual governo também deviam estar falando na reforma agrária. Dificilmente eles estariam pensando na reforma da lei da cabotagem, na reforma administrativa ou fiscal. Evidente que são reformas necessárias, mas simples perfumarias para a maquiagem moderna do Estado.

A situação no campo permanece feudal. Vargas conseguiu absorver o operariado para a sociedade. Mas não teve peito para mexer no campo. A FHC sobra muito peito para reformar cartorialmente o país, tirar esse imposto e botar outro, demitir esses e nomear aqueles. A polícia dará paz na terra. E o governo dará carros importados aos homens de boa vontade.

12/10/95

A caneta da sucessomania

Os juristas que se danem. O presidente da República, com o poder de sua caneta, não precisa mais deles. Tampouco da Constituição. O que alguns ditadores conseguem com o terror e o crime FHC está conseguindo com a esperteza de usar sua caneta para nomear ou demitir.

Seu horizonte administrativo se resume a 500 e poucos eleitores. Obtidos três quintos deles – e qualquer preceito constitucional pode ser mudado. É uma bênção que FHC não seja sanguinário. Nem tenha propósitos guerreiros. Com a força de sua caneta ele pode arrancar do Congresso uma declaração de guerra às Ilhas Papuas.

Pode também dispensar o pleito eleitoral de 1998 sob a alegação de que nunca o Brasil esteve tão bem e que não se deve mexer em time que está ganhando. Evidente que o preço de cada uma dessas reformas varia de valor e oportunidade, mas tudo pode ser reduzido fisiologicamente a determinado número de cargos e verbas.

Ele terá sempre maioria, quer nas comissões ou no plenário. Há um computador ao lado de sua sala, no Planalto, que acusa o ânimo reformista de cada congressista. Tirante o pessoal do PT, do PDT e de alguns partidos nanicos à esquerda, o resto é tudo massa de composição. Basta teclar o nome do parlamentar que se mostra recalcitrante e logo aparece na tela tudo o que ele pretende e negocia.

Cabe ao presidente a tarefa de não pagar muito caro o que pode lhe sair barato. Como a moeda é a nação, sempre haverá um cargo a nomear, uma comissão a preencher, uma verba a liberar. O fisiologismo acabou. O canetismo é mais rápido e objetivo, pois elimina intermediários. Entre a caneta do presidente e o congressista não há obstáculos, apenas negociação entre custo e benefício. O presidente paga o custo que considera adequado para ganhar o benefício pretendido.

Com o mesmo furor que usa a caneta para obter um Estado academicamente moderno FHC poderia estar promovendo reformas como a agrária, a da saúde e a da educação. Mas isso é política menor, subproduto da fracassomania. A caneta presidencial é arma e emblema da sucessomania.

28/10/95

1996
Velhas palavras

O poder pelo poder

Metade conselho, metade ameaça, o presidente da República avisou aos interessados: quem quiser ganhar eleição tem de apoiar o governo. Nem na Velha República, no tempo dos coronéis e do voto de cabresto, a ciência política chegou a grau de pragmatismo tão explícito.

Afinal, para o político tradicional, cujo protótipo pode ser o próprio FHC, a finalidade única da política é ganhar eleição. Todas as energias do governo e de seus ocupantes são canalizadas para isso: exercer o poder pelo poder.

Por acaso, andei lendo durante as férias uma biografia recentemente lançada na França sobre Marco Aurélio, o imperador filósofo. A preocupação do autor foi conciliar o pensador, formado na filosofia grega (falava grego em casa, só usava o latim em cerimônias oficiais), com o guerreiro que foi morrer às margens do Danúbio para garantir a supremacia romana dentro de limites que Trajano tornara exorbitantes.

Para Marco Aurélio, herdeiro espiritual dos Antoninos, o poder nada tinha de filosófico: era o instrumento material, prosaico, até certo ponto banal para administrar o Estado. Confiava em que a posteridade o respeitaria pelas máximas que deixou, não pela obrigação que cumpriu. Não foi à toa que Renan considerou a morte de Marco Aurélio como o limite de uma era.

Espero que os deuses me perdoem por citar Marco Aurélio a propósito de FHC. A última entrevista que deu, na quarta-feira, um ano após ter tomado posse, foi uma peça de campanha eleitoral, tão campanha e tão eleitoral que seu ponto mais notável foi o citado conselho/ameaça: quem quiser ganhar eleição, para exercer o poder como ele exerce, só precisa fazer uma coisa: apoiar o próprio FHC.

O conselho é supérfluo: na República Velha, nos países onde a democracia é uma fachada, o governo sempre ganha eleição, seja qual for o governo, seja qual for a eleição. Quanto à ameaça, ela sinaliza o que nos espera: um vale-tudo para manter o atual grupo no poder. Só que, nessa hipótese, sabemos qual o grupo e qual o tipo de poder.

19/1/96

A abolição da abolição

O governo já anunciou, ao som de trombetas e fanfarras, que a Era Vargas tinha acabado. Para isso só faltam as reformas estratégicas, entre as quais aquelas que vão diminuir ou abolir os encargos sociais que oneram as empresas e estariam provocando o desemprego.

O papo é furadíssimo. As medidas incluem, entre os encargos sociais, as férias remuneradas, o 13º salário e o Fundo de Garantia, que a partir do Movimento Militar de 64 substituiu a estabilidade, quando então teria começado o fim da Era Vargas. Apesar de todas essas aberrações dadas por Vargas ao trabalhador, o país não deixou de crescer, de se iniciar na industrialização e de conhecer períodos de euforia social e econômica.

Decretar o fim da Era Vargas foi pouco para a globalização neoliberal. É preciso decretar, também, o fim da Era Isabel, aquela princesa que deu o nome ao bairro de Noel Rosa, aqui no Rio, e aboliu a escravidão. Com o frango e a abóbora em baixa, o item alimentação ficou resolvido para a massa que fornece mão-de-obra. No tempo da escravidão, esse tipo de encargo (alimentar a mão-de-obra) ficava a cargo do senhor, que ainda precisava, em algumas eventualidades, cuidar do parto das negras que gerariam novos braços para a lavoura a custo zero.

O neoliberalismo de FHC sofisticou a coisa. Os senhores continuarão pagando uma espécie de salário, subvencionando o frango e a abóbora. O sacrifício do senhor será compensado pelo alívio na despensa da casa-grande. Cada um deverá cuidar do que vai botar na boca. Com a peça alimentada (dizia-se que o escravo era uma "peça"), a mão-de-obra ficaria baratíssima não apenas para os senhores locais, mas para os senhores de todo o globo terrestre.

E o Brasil ainda teria conquistado preciosos pontos no concerto das nações, oferecendo e mantendo em nível baixíssimo o mercado de trabalho necessário ao conforto e ao progresso dos países globalizadamente desenvolvidos.

Vargas e Isabel já eram.

8/2/96

Garganta profunda

Na sala de espera de um consultório, folheio a revista especializada em economia e negócios, edição especial dedicada ao primeiro ano do atual governo. A matéria principal garante, com todas as letras e rapapés, que FHC cumpriu todas as suas promessas de candidato, arrolando entre as promessas as privatizações e a reforma constitucional da cabotagem. Trata-se de uma revista respeitável, tida e havida como a de maior credibilidade no mercado.

Sendo assim, quem não é respeitável nem tem qualquer credibilidade sou eu próprio. Não me lembro dessas promessas eleitorais, elas deviam estar impressas em corpo 2 nos santinhos da campanha, numa linguagem complicada como a das apólices de seguro e bilhetes aéreos. Adquire-se a apólice ou a passagem, acredita-se numa porção de garantias expressas no contrato ilegível, se alguma coisa corre mal fica-se na pior: a nada teremos direito.

Com as promessas de FHC ocorreu o mesmo. Não tomei conhecimento de sua promessa principal, a de privatizar a Petrobrás, a Vale do Rio Doce, nem a de acabar com as garantias trabalhistas que bem ou mal suavizam os baixos salários – quando há salários.

O eleitor não tinha interesse nem vista para decifrar as letrinhas miudinhas desse tipo de contrato eleitoral. O que viu – e constituiu-se no logotipo da campanha – foi a mão espalmada de sua Exa. prometendo saúde, educação, segurança, casa etc.

O articulista da revista se excede ao comentar as realizações sociais do governo. Garante que a campanha de solidariedade de dona Ruth está dando aquilo que antigamente chamavam de "pingues resultados". Só lamenta que ela não tenha sabido comunicar o sucesso à nação. Ao contrário do marido, que é bom de garganta, a primeira-dama é tímida e modesta. Mas que a questão social do Brasil está resolvida, está. O problema agora é encontrar uma garganta capaz de bem informar tão boa nova ao povo. A um povo que está sendo feliz e não sabe.

9/2/96

A máquina e a reeleição

Ainda bem que o presidente da República proibiu o uso da máquina do Estado na campanha pela reeleição de si mesmo. Ao mesmo tempo liberou os cidadãos, sejam quais forem, tenham ou não cargos públicos, de externarem livremente suas opiniões sobre o assunto. Eu não sabia que essas coisas precisavam da permissão ou do veto do presidente da República, mas viver é aprender.

Louve-se a modéstia e o desinteresse do presidente. A máquina não será usada na campanha, mas os cidadãos que manobram a máquina, por serem cidadãos no uso de seus direitos (admitidos, liberados e proclamados pelo próprio presidente), poderão seguir os ditames de suas consciências (um ministro precisa de autorização presidencial para isso).

O diabo é que um ministro como Serjão, por exemplo, montado num importante painel da máquina, onde quer que vá, o que quer que faça, estará expressando esse "ditame de consciência" que o obriga a ser pela reeleição do chefe, amigo e sócio. Como não passa pela cabeça de ninguém dividir fisicamente o ministro, botando a metade-ministro calada e a metade-cidadão em campanha, podemos concluir que o presidente da República mais uma vez não disse nada, a não ser o óbvio que sempre diz.

A oratória do presidente é realmente acadêmica. Os oradores de sobremesa, formados na velha escola, ainda iniciam seus discursos declarando-se os últimos, os mais insignificantes, "quis o destino que o mais humilde, o mais apagado dos auxiliares de Vossa Excelência..." – evidente que o preâmbulo provoca a tempestade de não-apoiados. É uma forma de exigir aprovação e aplauso.

O desprendimento presidencial proibiu, formalmente, que a máquina administrativa trabalhe em causa própria: a dele. Mas a máquina política, formada pelos cidadãos livres como Serjão, essa não pode ser cerceada no sagrado direito de brigar pela reeleição do modesto orador de sobremesa.

15/2/96

PC e BC

As últimas novidades do cenário nacional revelam que o Esquema PC, responsável pela eleição de Fernando Collor, foi eficientemente substituído pelo Esquema BC que elegeu o outro Fernando, também conhecido como FHC.

As cifras foram atualizadas entre uma eleição e outra. Paulo César Farias jamais pensaria em pagar R$ 25 bilhões ao esquema bancário que entrou em pane[3]. Tampouco pensaria na hipótese de uma CPI em cima de seus livros de caixa, de seus computadores e dos trocados de seu bolso. Deu-se relativamente mal.

O Esquema BC ainda tem fôlego para receber a solidariedade do atual presidente, que procura manobrar com mais habilidade do que Collor para impedir uma CPI em cima de suas operações desde que FHC se empossou na Fazenda.

A disparidade de números é assombrosa. Paulo César Farias, afinal, conseguiu eleger Collor e botar um grupo no poder gastando bem menos do que o Banco Central deixou escapar por diversos ralos. Pior: quem pagou o Esquema PC pagou com dinheiro de seu bolso, de sua empresa. No caso do Banco Central, toda a fortuna que irá garantir "a credibilidade bancária" sairá do bolso de cada um de nós, que pagamos impostos e taxas.

O caso Sivam[4] é irrisório diante da dinheirama que foi gasta por meio de bancos, financeiras, empresas que descontaram títulos na rede bancária, dinheirama abençoada por sucessivas administrações do BC. Outro dia, foi publicada a relação das despesas da campanha – excluídas as numerosas caixas dois. O atual governo foi eleito com uma quantia que envergonharia Collor e faria PC suicidar-se.

A única diferença, até agora, é que Collor, bajulado pela mídia da época, achou que podia esnobar e não soube negociar com o Congresso o suficiente: pegou uma CPI em cima.

Pelo que se vê, FHC, em se tratando de negociar com o Congresso, não tem os escrúpulos de Collor. Joga pesado. A CPI ainda não saiu e talvez não saia. Mas o jogo continua, são 11 contra 11 e a bola é uma só.

1/3/96

Governo ficou refém

Queiram ou não os interessados, o governo de Fernando Henrique Cardoso está começando a repetir os escândalos do governo Fernando Collor de Melo. Com a agravante da correção monetária (mais dinheiro envolvido nas maracutaias) e menos pudor. Armou-se a aliança PSDB-PFL que garantiu votos na eleição e agora garante escudo nas investigações. A simetria é perfeita: para um escândalo no PFL (Econômico) corresponde outro no PSDB (Nacional)[5].

As mãos se lavarão reciprocamente e não haverá CPI – afinal, sem CPI Collor teria chegado ao fim do mandato e, quem sabe, teria sido reeleito. Na quinta-feira, os caciques do PFL e do PSDB se reuniram e fizeram aquilo que os latinos descreviam como *assinus assinum fricat*. As últimas revelações indicam que o raio caiu muito próximo ao presidente da República.

Como ministro da Fazenda, responsável pelo Banco Central, ele deveria saber da situação do Nacional. Mas já era candidato, precisava de um grande suporte financeiro para a campanha. Não levou em consideração as denúncias de que as coisas estavam mal paradas no Nacional. Na época, FHC era o responsável maior e direto pelo curral.

No auge da crise Collor, o então presidente foi a um jantar na casa de um deputado de nome complicado, bebeu um pouco e disse inconveniências. O mesmo aconteceu agora com FHC (menos a bebida): foi jantar na casa de um deputado chamado Pauderney (o anterior era Onaireves) e se lixou para o Congresso.

Num caso como no outro, o Planalto divulgou desmentidos. Nem Collor teria ofendido congressistas nem FHC garantiu que Fujimori é quem está com a razão.

Mas, somando tudo, o débito moral e político do governo vai ficando cada vez mais alto. Está se tornando um refém não da classe política, mas de ladrões, batedores de carteira da nação.

3/3/96

Frases

Não tenho paciência nem tempo para ouvir ou ler os pronunciamentos presidenciais. Limito-me a passar os olhos nas colunas que os jornais publicam sob o título de "Frases". Foi o que fiz ontem. E tomei conhecimento desta maravilha dita pelo sociólogo-presidencial em San Francisco: "Uma outra causa que alimenta as dificuldades da democracia é o fato de que, muitas vezes, falta substância ou qualidade no debate público em torno de questões amplas".

Acácio, o conselheiro, não teria pensado e dito melhor. E, além de Acácio, um outro famoso orador do século que está acabando, chamado Adolf Hitler, em diversas ocasiões e por diversos motivos, disse a mesma coisa até que decidiu acabar com "as dificuldades da democracia", primeiramente na Alemanha, depois no resto do mundo. Quase ia conseguindo.

Nos últimos dias, o sociólogo-presidente atacou o Congresso e a imprensa. Duas bestas-negras do já citado Adolf Hitler, que tratou de colocar Congresso e imprensa a seu favor. No caso de FHC, a mídia foi patriótica em outubro do ano passado, quando ele ficou sabendo das falcatruas do Nacional. E nada fez.

Bem, essas questões, no fundo, são ossos do ofício político. O que estranho é a louvação da inteligência presidencial, manifesta em frases como essa que tirei do mesmo contexto: "Na verdade, a agenda do Congresso está sobrecarregada por temas de grande complexidade". Ou a bombástica defesa do Parlamento nessa outra: "Uma defesa firme enquanto *locus* por excelência da construção dos consensos necessários aos avanços, de preservação dos valores mais caros à nacionalidade". (Essa, nem Acácio.)

O estilo lembra o das ordens do dia dos quartéis, quando o comandante lembra à tropa perfilada as efemérides cívicas, seja a tomada de Monte Castelo ou a batalha de Lomas Valentinas.

Oriundo de uma família de militares, até que FHC daria um excelente orador para esse tipo de comemoração cívica. Agora, pegar no pesado, na hora de receber tiro do adversário, ele alegaria – como disse seu porta-voz – que é apenas um sociólogo.

13/3/96

1996: Velhas palavras

Homo brasiliensis

Não chega a ser amigo próximo. É mais um companheiro de trabalho, pessoa educada, cordial e bem-sucedida. Nasceu pelo interior, Goiás ou Mato Grosso, vive, mora e reina em Brasília há tempos. É o típico *homo brasiliensis*. Dele guardo uma frase que me horrorizou e deu um azar nacional.

Nas vésperas da posse de Tancredo Neves, um telefonema de dona Antônia convidou-me, em nome de Tancredo, para um jantar íntimo. Agradeci e disse que não iria (o jantar foi cancelado logo depois, Tancredo estaria gripado).

Nesse meio tempo, o amigo brasiliense soube de minha recusa e me ligou dez vezes, insistindo para que eu fosse. E pronunciou a frase fatal: "O poder embeleza!".

Senti um frio na espinha. Nunca pensara nesses termos e, ao contrário do colega, achava e acho que o poder geralmente enfeia e deforma o ser humano. Vai daí, houve a crise da doença presidencial, a posse de Sarney. O colega tancredista (que antes havia sido íntimo de Figueiredo e Geisel, cada um em seu tempo) tornou-se sarneysista e espalhou que era maranhense de nascimento e carteirinha. Acho que chegou a viajar com Sarney numa dessas idas oficiais à ONU ou entidade equivalente.

Veio Collor e até uns 15 dias antes do impedimento ele garantia que Collor daria um golpe de mestre nos adversários, que a tropa estava do lado dele. Com Itamar ele virou mineiro honorário e botou um profeta do Aleijadinho (réplica horrível) na entrada de sua mansão brasiliense.

Atualmente, ele não é fernandista modelo 1996. É fernandista modelo 1998 e anos seguintes. Cruzei com ele num aeroporto, perguntei como iam as coisas em Brasília. Considera Sarney um morto que se esqueceu de ir para o túmulo. Itamar é um fantasma que nunca existiu. O Brasil também não existe para ele. Só Brasília existe. Para ser exato: só FHC existe. O resto só atrapalha.

24/3/96

O grande culpado

É repugnante ouvir o presidente da República condenar o massacre dos sem-terra do Pará[6]. Seria espantoso se ele abençoasse o crime, mas seria, talvez, mais coerente.

Afinal, FHC foi eleito com um programa e está governando com outro. A única reforma que ele não pretende fazer é a agrária: trocou-a pela reforma da cabotagem (até hoje não se sabe para que), pela reforma dos direitos sociais dos trabalhadores, promove todas as reformas menos a única que interessa.

Pensando bem, quando se falava em reforma, até bem pouco, pensava-se na reforma agrária, considerada a única que pode realmente levar o país a uma situação de estabilidade econômica e social. É tão primário repetir isso que fico envergonhado. Vergonha por mim, vergonha por todos.

Bastaria uma parcela do dinheiro que foi salvar bancos mal administrados e premiar banqueiros desonestos, bastaria metade do tempo e da energia que FHC dedica à politicagem mais desvairada (reeleição, meus amigos, fiquemos no poder que a oposição não é de nada, tenho o *Diário Oficial* para isso), bastaria um presidente mais esclarecido e consciente para que a reforma agrária saísse do papel.

Vi FHC na TV dizendo que ficou com raiva em Corumbá quando lhe perguntaram sobre a reeleição. Prêmio Nobel de hipocrisia. Eu também fiquei com raiva quando o vi, na Argentina, semana passada, iniciar oficialmente a campanha pela própria reeleição. Não foi a imprensa que inventou ou levantou o tema. E todos sabemos que não há, dentro do Planalto, prioridade maior do que a continuação desse grupo no poder.

O país está sem governo – essa é a verdade. FHC acredita que tem charme suficiente para esconder a realidade. Mas a realidade está aí: bilhões para o Nacional, bilhões para o Econômico e rajadas de metralhadoras para os sem-terra.

20/4/96

O grande fisiológico

Já me explicaram diversas vezes, mas continuo sem entender. Oito anos atrás, o bando que agora está no poder vivia uma festa com a promulgação da Constituição-Cidadã. O finado Ulysses Guimarães estava em alta, nomeava e desnomeava ministros. Em torno dele, tucanos, pefelistas e peemedebistas se empurravam disputando o venerando saco.

Um dos constituintes mais ativos, mais próximo ao saco do dr. Ulysses, era o atual presidente. Em oito anos, verificou que estava errado e partiu para outra. Daqui a quatro ou cinco anos descobrirá novamente que errou. Ele chama a isso de estratégia cultural.

Hoje, grande parte da turma que redigiu e aprovou a Constituição, tão louvada há tão pouco tempo, elegeu-a como a besta negra da nação. Reformando-a, prometem que o leite e o mel correrão pelas bicas. Enquanto não reformam, o país fica parado, desviando bilhões de reais para bancos falidos e deixando hospitais, escolas, estradas e o mercado de trabalho na pior.

Das reformas pretendidas, a única que na verdade interessa a FHC é a da reeleição. Que diabo, por que ele não propôs uma emenda nesse sentido quando foi constituinte? Seria, então, uma idéia em debate, não um emprego em processo.

Por essas e outras considero FHC o mais fisiológico dos políticos brasileiros, mais nefasto à causa nacional do que os ruralistas, empreiteiros e banqueiros que também só pensam em seus próprios interesses. E esquecem o bem público, esquecem a própria palavra para atingir a radiosa meta neoliberal: lucrar.

No início da semana, o presidente do Clube Militar, apontado pelos entendidos como homem comprometido com a repressão e a tortura dos anos de chumbo, fez um pouco de fumaça. Péssimo sinal. A linha-dura ameaça sair da tumba, os abutres da liberdade têm fome. E o governo de FHC está produzindo carniça demais.

7/6/96

A Suécia de cada um

O atual grupo que ocupa o poder não chegou ainda à metade do mandato, mas já atua como se estivesse no final de governo. Tirante a empolgação pelas reformas – que serviram de biombo para a ineficiência e a negação das promessas eleitorais –, dou um doce a quem apontar um projeto relevante em execução.

Escandalizado porque o país que pretendia governar não era a Suécia, mas o Brasil, FHC tenta convencer a nação de que ela precisa ser a Suécia. Só então estaria em condições de cumprir suas cinco promessas básicas. E uma Suécia, para ele, só pode ser feita por meio da reforma do Estado. Evidente que, se o Brasil chegar a ser institucionalmente uma Suécia, as promessas da campanha não precisarão ser feitas nem cumpridas.

Entre as reformas que ele pretende patrocinar para que o Brasil seja a Suécia, a reeleição é prioritária e em torno dela, pensando-se bem, todo o esquema do poder gravita.

Não sou leitor habitual dos colunistas que acompanham de perto os trancos e barrancos da política federal. Com exceção de algumas semanas em que se preocuparam com a morte de PC Farias, o eixo dessas colunas gira em torno das composições. Infelizmente, não são composições ferroviárias, mas estratégicas, dentro e fora do ministério para garantir a reeleição e a permanência do grupo em Brasília.

O grande enigma da nação é se mudam-se os ministros ou não se mudam os ministros. Tal mudança nada tem a ver com a eficiência administrativa, mas com o projeto central de FHC, que é continuar no poder. As composições são feitas para saciar aquilo que o finado Jânio Quadros chamava de "apetites".

O que menos se espera dos atuais e futuros ministros é que entendam alguma coisa de suas pastas. Eles nem estão aí: estão numa Suécia inventada para melhor esquecer o Brasil.

6/8/96

Audiências e cafezinhos

Entre as muitas coisas que não compreendo, a mais estranha talvez seja o motivo de certas audiências que líderes da indústria e do comércio solicitam ao presidente da República.

Há aqueles que, como porta-vozes de reivindicações (legítimas ou não), solicitam ser recebidos e dão o recado. Até aí, tudo bem.

Ultimamente, esses empresários, com agendas complicadas, deixam seus misteres, enfrentam os aviões de carreira e vão a Brasília apenas para se declararem a favor da reeleição. Evidente que o ato bajulatório esconde algum nó numa pretensão (legítima ou não) que deve estar rolando nos canais do poder.

Evidente, também, que o assunto nem chega a ser mencionado na audiência. A presença do postulante é suficiente para lembrar que o assunto existe. E está entravado em alguma gaveta ou exigência legal.

Consumada a audiência, devidamente fotografada e registrada pela imprensa, explicitado o apoio à causa pessoal do presidente, o visitante dá uma passadinha nos gabinetes e anexos. Sai de Brasília empanturrado de cafezinhos e palmadinhas nas costas. No avião que o traz de volta a São Paulo ou ao Rio, ele acha que ganhou o dia. E talvez tenha ganho mesmo.

Como não sou empresário nem represento nada e ninguém a não ser eu mesmo, dias desses ainda pedirei uma audiência ao presidente. Pago regularmente os impostos federais, estaduais e municipais, sou vacinado, maior de idade (maior até demais para o meu gosto) e, embora sem muita convicção, posso me considerar um cidadão. Não tenho qualquer pleito, nada devo e nada me devem.

Mas gostaria de ter uma audiência com o poderoso do dia para lhe dizer que, na minha insignificância de cidadão, e ao contrário dos visitantes habituais, sou a favor da reeleição a partir do próximo governante. Colaborando com a austeridade nos gastos públicos, dispensarei os cafezinhos.

6/10/96

Política e ética

É cada vez maior o fosso entre a política e a ética. A tal ponto que começam a ser lançadas no debate público – e nas consciências – como elementos contraditórios. Ou se é político ou se é ético. Não se pode servir aos dois senhores.

Quando alguém invoca a ética, o mínimo que um profissional responde é que a política tem outros valores, outros fins e, sobretudo, outros métodos. Isso sem falar nos mais primários, que consideram coisa de bocó qualquer apelo à ética.

Daí que a paisagem pública é um permanente assalto ao poder, sem qualquer outro imperativo que não o poder em si. Para conquistá-lo, para mantê-lo, não apenas tudo é permitido, mas nada deve entravar o processo do poder. Ética seria coisa para filhas de Maria, débeis mentais que não entendem as coisas.

Os debates sobre a reeleição estão se tornando banais, fala-se cinicamente sobre a conveniência ou não de se reeleger FHC, como se não houvesse uma Constituição, sobre a qual juraram todos os congressistas e, em especial, o presidente da República.

Evidente que ela pode ser reformada, mas nunca para atender a um caso pessoal, a uma ambição desmedida. Os interessados no continuísmo, tirante o próprio FHC, que é apenas um sibarita do poder, argumentam que ele é o único candidato viável para impedir a ascensão de uma nova classe.

O argumento é o mesmo que manteve todas as ditaduras, de César em diante. Não vêm ao caso as qualidades do beneficiário – se as há. Um político que jura uma Constituição, que aceita se candidatar a um mandato de quatro anos, precisaria ser dotado de monstruosa insensibilidade ética para articular uma legislação em causa própria.

Se acaso FHC pedisse ao Congresso que aumentasse o seu ordenado, teria violentado um preceito moral. Articular ele próprio um mandato maior é moralmente mais condenável.

16/10/96

Comida e tristeza

Vi nas folhas uma seleção de frases do presidente da República proferidas em seu programa radiofônico a respeito da venda da Vale do Rio Doce. Falando para os humildes, FHC segue sem saber o conselho de São Paulo, *gaudens cum gaudentibus*: torna-se humilde com os humildes, mas não ao ponto de deixar de ser acaciano.

Ele garantiu que, vendendo a Vale, "vocês terão mais comida no prato, mais alegria no viver". Taí uma coisa que eu não suspeitava. Sempre pensei que a fome e a tristeza tivessem causas mais complicadas, jamais poderia supor que a venda de uma estatal acabaria com a herança do pecado original.

Fiquei até espantado de somente agora, dois anos depois de ter tomado posse e sessenta e poucos de vida, FHC apareça perante a plebe como o dono da pedra filosofal. Se a venda da Vale trará tantas e tamanhas benesses para "vocês" (humildemente, FHC não falou "nós", mas "vocês", incluindo-me piedosamente nessa chuva de maná que descerá sobre a nação), é lícito imaginar o que não aconteceria de divino e maravilhoso se, além da Vale, FHC vendesse a Amazônia "por preço justo".

Afinal, a Amazônia onera o orçamento nacional, tira mais do que dá – ao contrário da Vale, que sempre dá algum lucro, insignificante é verdade, mas lucro.

Teríamos melhor renda *per capita*, não atrairíamos a cólera de outros povos pelos crimes ecológicos que lá se praticam. Ficaríamos livres das demarcações de terras indígenas que causam problemas com vizinhos – enfim, encheríamos as burras do Tesouro perdendo apenas um pouco do nosso imenso território.

Com o que sobrasse, ainda seríamos maior do que o Japão, a Alemanha, os Tigres Asiáticos. Se o problema é equilibrar contas, apresentar superávits e diminuir despesa, a venda da Amazônia traria melhor resultado do que a venda da Vale. Haveria mais comida e menos tristeza para o restante de brasileiros.

30/11/96

1996: Velhas palavras 55

Velhas palavras

A modernidade dos tempos apregoada pelos arautos do governo, e da mídia a ele anexada, teve apenas o trabalho de adaptar a semântica aos novos tempos. Já lembrei aqui a história do filho do Jacó, que não estava dando, mas tomando. Vejo agora que a mesma anedota pode ser aplicada ao neoliberalismo de FHC.

Semana passada, o cientista político norte-americano James Petras, professor da Universidade Estatal de Nova York e membro do Tribunal Russell, autor de duas dezenas de livros sobre movimentos políticos na Europa e na América, declarou enfaticamente que "FHC é o executivo do investidor estrangeiro". (Tirei a citação da própria *Folha*, edição de anteontem.)

Bem, dirão os puxa-sacos sabidos e consabidos: "E o que isso tem de mal? É ótimo que o presidente seja responsável pelos investimentos que estão sendo feitos no Brasil". Seis anos atrás, o próprio FHC classificava essa função como a de "testa-de-ferro do imperialismo".

Mas a semântica atua novamente. Mês passado, no Chile, Alain Touraine, que dizem ser amigo de FHC desde criancinha, declarou também enfaticamente que "globalização é aquilo que, no passado, chamávamos de imperialismo".

Unindo-se as duas pontas, a acusação de James Petras e a constatação de Alain Touraine, resgatamos o vocabulário dos dinossauros que ainda não se deram conta de que o Muro de Berlim caiu.

Aparentemente, tanto o imperialismo como seus agentes infiltrados nas economias nacionais saíram de moda. Mas nem assim deixaram de existir: com outros nomes, mas com a mesma sintaxe.

O fato de a União Soviética ter implodido, por ter exercido outro tipo de imperialismo e ter tido, a seu modo, os mesmos agentes, não significa que o atrito entre capital e trabalho tenha acabado. Tomando (ou dando), capital e trabalho continuam escrevendo a história que ainda não acabou.

4/12/96

1997
Tudo pela reeleição

Presidente biônico

Nesses primeiros dias do ano prepara-se o retorno ao quadro constitucional vigente nos anos de autoritarismo. É o início de uma nova bionização do processo democrático.

Não é a pessoa nem os méritos de FHC que estão em pauta. Ainda que ele faça chover no deserto, ainda que seja o maior estadista de todos os tempos, o isso e aquilo, não lhe é lícito cometer o crime de perjuro: depois de ter jurado um compromisso, empenhou toda a força de seu cargo e toda tinta de sua caneta para extorquir a possibilidade de outro mandato.

A questão poderia ser simples. Bastava aprovar a reeleição ou, como alternativa, prorrogar o mandato presidencial para seis anos. Mas sem personalizar, sem endereço exclusivo para beneficiar o atual mandatário. É isso o que a nação deseja. É assim que se expressa o povo que, em sua maioria, aprova a atual gestão. É triste ver o chefe da nação obrigar os dependentes do governo a legislarem em favor daquilo que o finado Jânio Quadros chamava de "apetite".

Como os homens são homens (*men are men*, segundo Shakespeare) e os políticos são mais "homens" do que outros homens nesse mau sentido, parece inevitável a aprovação da emenda. Daqui a dois anos, mantida a complicada âncora cambial que sustenta o real, poderemos ter a reeleição do nosso conselheiro Acácio.

Analisado por critérios éticos, FHC revela-se pior do que Collor. Este roubou e ficou com o dinheiro para si. Pelos mesmíssimos processos do ex-presidente, FHC vai roubar outro mandato, mas terá a espertaza de distribuir parcelas do poder entre a sua tropa.

A menos que ele cometa a barbeiragem de não pagar o preço devido a algum sócio (Collor não pagou ao irmão), FHC reintroduzirá em nossa história a figura do presidente biônico. Contudo, um erro de percurso pode jogar o país novamente num mar de lama.

5/1/97

Saudade da Casa da Dinda

Bons tempos aqueles em que a nossa indignação moral eram os jardins da Casa da Dinda[7]. Tínhamos um presidente da República insensível ao dinheiro público (e mais insensível ainda ao ridículo). Um presidente que nos envergonhava – embora ele tivesse aberto a economia e iniciado o movimento rumo à modernização.

Agora é pior. É a classe política, o empresariado disposto a gastar os tubos, parte da mídia interessada no continuísmo, é toda uma orquestra corrompida por um maestro que revela maior insensibilidade moral do que a de Collor. FHC não está plantando um jardim babilônico. Está dando uma de Nabucodonosor para ficar no poder além do tempo que jurou respeitar.

O direito à reeleição é uma necessidade que só não foi aprovada no tempo oportuno porque FHC e alguns tucanos foram contrários – a coerência moral deles é menor do que o laço da gravata que usam. Enxergando pouco e temendo uma vitória de Lula, a solução foi derrubar a proposta. Evidente que sempre há tempo para se corrigir um erro.

Mas não é essa a intenção nem o interesse dos arautos da reeleição: querem o continuísmo de um esquema de poder que priorizou o capital e hostiliza o trabalho numa escala indecente.

Nem mesmo faltará o precioso lubrificante para aprovar a reeleição-já. O empresariado respira aliviado, livre da patrulha sindical e das greves. Alguns empresários juram que perderam uma noite de sono, mas no dia seguinte demitem 5 mil, 10 mil trabalhadores – se houver protestos, maior será o desemprego. Melhor que isso nem dois disso. Assim é que caminha uma sociedade de Primeiro Mundo. Jardins da Dinda são manifestações provincianas de novos-ricos.

Bons tempos aqueles em que apenas o presidente e meia dúzia de capangas chantageavam os fornecedores e empreiteiras do governo. A decomposição moral da maioria da classe política, FHC no pódio, é mais ostensiva e deprimente.

9/1/97

O golpe e o crime

Docemente constrangida, dona Ruth afinal admitiu que é a favor não apenas da reeleição como tese, mas da reeleição-já para seu marido.

Com modéstia, revelando falta de ambição, confessou que para ela seria melhor pensar em outra coisa, ir para casa cuidar dos netos, essas coisas. Mas se vai haver reeleição – na opinião dela –, a nova norma constitucional deve valer para o esposo, pai de seus filhos, avô de seus netos. Comovente. As lágrimas enchem-me os olhos.

Há uma lei moral não escrita – e às vezes escrita – que é obedecida até pelos maiores gângsteres da máfia, dos antros do jogo, dos bicheiros, dos traficantes: iniciado o jogo, não se mudam as regras. É a garantia mínima de que haverá uma lei maior acima das questiúnculas que poderão surgir no decorrer da partida.

A estratégia de FHC para descolar um novo mandato não é casuística: é golpista. Conhecemos a mecânica desse golpe: um presidente civil ou militar localiza a fonte do poder, seja nas casernas, seja no capital externo, seja nos interesses empresariais e da elite dirigente. Passa a governar para esses setores, cumulando-os de agrados. E obtém a continuidade do poder, uma vez que militares, capital externo, empresários e elites, que tanto temem o caos, só ficam tranqüilos quando o governante faz o pacto sinistro: "Evito o caos, mas vocês me apóiam até o final dos tempos".

Essa fórmula é velha, não tem inteligência alguma, nem criatividade. Cabe muito bem a FHC: ele acha que descobriu a pedra filosofal, o elixir da juventude que o manterá no poder enquanto o pacto durar.

Tudo bem. Parodiando Mozart[8], assim fazem todos os governantes para os quais o poder justifica o crime ou o golpe. Pode parecer exagero falar em crime em se tratando da pessoa pacífica do atual presidente. Mas golpe continuado, mais cedo ou mais tarde, termina em crime.

12/1/97

O povo bestificado

Pasmosa a indiferença do povo diante da votação em primeiro turno da reeleição-já. Tivemos o antecedente histórico registrado por Aristides Lobo – hoje nome de rua onde há um técnico em ar refrigerado que fui buscar para quebrar um galho doméstico. Tal como no dia da proclamação da República, o povo estava bestificado, inclusive na rua que tem o nome de quem constatou a bestificação popular.

Não se ouviu um grito, nem contra nem a favor. Evidente que a estabilidade do real anestesiou o medo. No dia seguinte ao da votação da emenda, foi revelado oficialmente que a taxa do desemprego cresceu 16% em 1996. Quem tem aquilo tem medo. Quem tem emprego tem medo de perdê-lo. É a vida.

Será mole para o governo obter a aprovação no segundo turno. E, se mais houvera turnos, ganharia todos. Venho insistindo na analogia (excluo a identidade) do neoliberalismo de FHC com o nazismo. Para sorte nossa, não temos reivindicações territoriais e raciais – ainda bem.

Os métodos legais (insisto também nesses "legais") que o nazismo empregou para impor um salvador da pátria, um homem assinalado pelo destino, são os mesmos. Durante a semana, em Brasília, tanto a sessão em si como seus antecedentes lembraram as votações no Reichstag, quando Hitler paulatinamente ia obtendo maiores somas de poder. Há uma foto de Goering, na presidência do Parlamento, depois de uma eleição bem parecida com a nossa, fazendo o "V" da vitória – anos antes de Churchill popularizar o gesto em sentido contrário. E muito antes, também, de FHC fazer o mesmo gesto.

E a foto do apoio (e da alegria) dos prefeitos ao líder máximo é, sem tirar nem pôr, a mesmo foto dos candidatos a *gauleiters* em torno do *führer*. Tal como no caso do povo bestificado, a história se repete.

2/2/97

Pacto social às avessas

Nunca me dou ao respeito de ler os pronunciamentos presidenciais. São longos, óbvios na mentira e óbvios no sentido mercadológico-eleitoral. Limito-me às frases pinçadas pelos editores ou pelas declarações de viva voz na TV. Quando está no exterior, a imagem que ele vende do Brasil e de seu governo é simplória: tudo está bem e os problemas existentes (desemprego, concentração de renda, conflitos no campo etc.) foram criados por governos anteriores e pela oposição.

Já foi notada a pouca seriedade dos números brandidos pelo presidente. Nessa matéria de número, ele só procurou apurar com rigor os votos de que dispunha no Congresso para aprovar a emenda da reeleição.

Aliás, sua maior obra nesses dois anos de mandato foi justamente essa modificação na Constituição que jurou respeitar. Despejou toda a fúria do poder para obter uma vantagem que o beneficia – embora ainda se possa imaginar que governadores e prefeitos também repartam o butim.

Afora o constrangimento ético que deveria sentir, há agora a necessidade de aproveitar os próximos dois anos de mandato para a campanha eleitoral inédita em nossa história. O episódio mais importante do seu governo ficou sendo mesmo essa reeleição obtida pelo fórceps da fisiologia mais descarada de nossa vida republicana.

Li não sei onde que um ministro foi cobrado por um deputado que mudou seu voto para ganhar um cala-boca. O credor lembrou que o governo lhe devia alguma coisa. Ao que o ministro respondeu: a dívida é discutível. Há uma interjeição onomatopaica para designar o vômito. Recuso-me a usá-la.

Como a emenda ainda não lhe garante novo mandato, o presidente terá agora de conquistar e manter alianças para a sagração das urnas. Ele não poderá contrariar os reais controladores da injustiça no campo e da injustiça na concentração de renda. É o famoso pacto social, mas às avessas.

18/2/97

1997: Tudo pela reeleição   65

O golpe obsceno

Analisando-se friamente a forma e o fundo da emenda da reeleição, já aprovada em primeira votação, fica evidente que se trata de um golpe – golpe legalizado, como foram muitos outros em nossa história e na história de outros países, onde a tradição democrática não chega a ser notável.

Em geral, temos a idéia latino-americana do golpe. É a sua versão militar, a liturgia do pronunciamento e da movimentação de tropas que ocupam determinados logradouros públicos e prédios onde estão sediados serviços de primeira necessidade, como hidrelétricas, comunicações, ferrovias etc.

Não foi esse o caso. O golpe da reeleição foi negociado com o Congresso da forma que conhecemos, embora ainda não possamos saber com exatidão o que foi negociado e por quanto. Não se trata de condenar o princípio em si, que é matéria realmente constitucional e pode ser modificado em nível de estrutura operacional do poder. Não é por aí que o episódio representou um golpe nas instituições.

O caráter golpista, apesar de tudo, fica nítido quando se sabe que a emenda foi imposta para dar continuidade a um grupo que está no poder e não aceita a limitação constitucional com a qual e para a qual foi eleito. Falo em grupo, quando deveria falar apenas na pessoa do atual presidente da República, que manobrou com a força que a nação lhe deu para governá-la dentro de limites precisos e usou a dita força para arrancar um direito que não tinha.

O fato de o Congresso ter aprovado a emenda legalizou o golpe mas não alterou a sua essência golpista. Outros golpes foram legalizados em nossa história, *a priori* ou *a posteriori* – e mais diria se não fosse para tão longa história tão curto o espaço.

Num desses golpes passados, o poeta Manuel Bandeira – que não era de esquerda – classificou-o de obsceno. Se atentarmos ao modo pelo qual o golpe da reeleição foi desferido, o poeta usaria a mesma palavra.

25/2/97

...E la nave và

O Estado lembra os navios modernos, desses que não afundam porque seus porões são compartimentados: aberta uma avaria no casco, em menos de dois minutos as comportas internas isolam o local. Um, dois ou três porões são invadidos pelas águas, mas o barco continua em condições de flutuar ou navegar.

A comparação náutica pode parecer fantástica, mas nem tanto. O Estado é uma nave imensa e disforme que navega em águas perigosas, sujeita a redemoinhos sociais, a maremotos econômicos, a tornados ideológicos. Se fosse velho como o Titanic, podia ir para o fundo ao primeiro *iceberg* com que topasse. A técnica nos navios e o corporativismo nos Estados ensinaram a isolar os rombos que impedem o naufrágio total.

Para as eventuais trombadas no oceano da corrupção, o sistema de comportas funciona bem. Aberta uma avaria, a massa de água invade um, dois, três porões. O sistema de alarme entra em ação, pesadas portas se fecham isolando o desastre, limitando o escândalo aos porões que deram azar. Foi assim com Collor, com os anões do Orçamento e assim será com os precatórios[9].

Desde os tempos bíblicos que os marinheiros costumam atirar ao mar aqueles que não estão dando sorte. O profeta Jonas foi parar no ventre da baleia, antecedendo de alguns séculos o velhinho Gepetto, que também deu azar ao procurar Pinóquio.

Isolados os porões avariados, o barco pode continuar flutuando ou até mesmo navegando. Mas, para todos os efeitos, é um barco avariado. Não inspira confiança.

É assim que se deve ver a sucessão desses escândalos com o dinheiro público. O Estado é moderno o bastante para atirar às águas os Jonas e Gepettos. Aciona as comportas que isolam o rombo. Mas o erro de navegabilidade que provocou o desastre permanece à espera de outros impactos que inundarão outros porões. O navio continua navegando, meio emborcado, totalmente desmoralizado. Ele vai, mas não chega a parte alguma.

18/3/97

A herança liberal

Anos atrás, ao fazer a sinopse para uma novela sobre os anos 30 ("Kananga do Japão"), a pesquisadora da minha equipe trouxe-me um recorte de jornal da época (1938) com a descrição de uma cena que a censura da época liberou por achar que o episódio edificaria os cidadãos.

A repressão da ditadura getulista era exercida, basicamente, pela Polícia Especial que o lugar-comum classificava de "famigerada". Equivalia, em esforço e intenção, às SS e SA nazistas, às esquadras fascistas de Mussolini.

Tropa considerada de choque e elite, mais choque que elite – muita gente morreu eletrocutada nos porões da PE. Os rapazes eram notórios pelo quepe vermelho e pelos cassetetes que não eram de borracha, mas de canos de chumbo.

Comandante da famigerada era o capitão Eusébio Queiroz, sujeito truculento, mas muito elegante, sempre bem vestido, ternos bem cortados, chapéu importado, socialmente muito educado. Rosnava-se em todo o Rio que era homossexual. Para os padrões da época e pelo seu visual, parecia realmente um assumido.

Em 1935, depois da revolta comunista, ele torturou pessoalmente os presos com a ajuda de integralistas infiltrados na polícia. Três anos depois, em 1938, foi a vez do assalto integralista ao Palácio da Guanabara para matar Getúlio. O capitão Eusébio foi também torturar os presos, que o vulgo chamava de "galinhas verdes".

Um deles, ao receber a primeira porrada, não acreditou no que acontecia. Gritou para Eusébio de Queiroz: "Capitão, três anos atrás nós torturamos aqueles comunistas. Como é que agora o senhor me tortura? O senhor traiu seus ideais?".

Possesso, o capitão começou a gritar: "Eu sou um liberal! Eu sou um liberal!". E cada vez que proclamava a sua condição de liberal, aumentava a dose da porrada. Bem, isso foi em 1938, não se falava ainda em neoliberalismo. Mas a história ainda não terminou.

23/3/97

1997: Tudo pela reeleição 69

A velha modernidade

Em tempos de neoliberalismo explícito inaugurado pelo ex-sociólogo esquerdista Fernando Henrique Cardoso, teremos em breve o neocolonialismo de um país que poderá ser conhecido, pelas gerações futuras, como o Ex-Brasil.

Lembro o horror, o frio na espinha que todos sentíamos quando nos referíamos à Guatemala como o país da United Fruit Co.

Ignorávamos – e o ex-sociólogo em questão era um dos mais radicais nessa ignorância – que, dos anos 20 em diante a Guatemala era uma desbravadora, uma pioneira da globalização. Numa época em que ninguém falava em neoliberalismo, a Guatemala já era (sem saber) neoliberal, estava inserida na modernidade.

Com o atraso de algumas décadas, procuramos agora recuperar o tempo perdido. Com a privatização da Vale do Rio Doce ficaremos exatamente no mesmo estágio da Guatemala no início do século. Só que na Guatemala as bananeiras podem ser substituídas por outras bananeiras, daí que a produção de bananas não acaba. Com os minérios é um pouco diferente. As jazidas são neobobas, não aprenderam o exemplo das bananeiras, quando acabam, acabam. Fica um buraco, igual a uma cratera lunar.

Todos sabíamos que os guatemaltecos se embananariam, literalmente, se tivessem de comercializar as bananas que a generosa terra guatemalteca produz. Daí a sabedoria de aceitar os capitais redentores e a tecnologia de empresas internacionais para melhor explorar (no bom sentido) no mercado mundial as excelentes bananas que as fecundas bananeiras de lá fabricavam.

Há também exemplos na África e na Ásia desse pioneirismo neoliberal, onde companhias belgas, francesas, portuguesas, holandesas e inglesas solidariamente fizeram pingues investimentos e transmitiram *know-how* de graça aos nativos.

Daí que vender a Vale não chega a ser uma exigência da modernidade. Mais uma vez chegamos tarde à história.

1º/4/97

A era dos guarda-livros

Embora com atraso, ficamos sabendo da crise entre o ministro da Educação e o ministro da Fazenda. São pessoas chegadas ao presidente. A crise foi contornada na esfera íntima do poder, nem por isso foi resolvida.

O que me espantou foi o argumento que o ministro da Educação usou para reclamar do colega da Fazenda. Teria dito – segundo as folhas – o que modestamente venho dizendo desde que se inaugurou a era dos guarda-livros na vida nacional: as autoridades do setor econômico-financeiro só se preocupam com a contabilidade, com as duas colunas daqueles livros enormes: "deve" – "haver".

Evidente que os guarda-livros são necessários. Numa quitanda, num botequim, há de haver um mínimo de contabilidade. Num governo, o furo é mais em cima.

O dinheiro pode ser curto e lerdo, embora seja largo e célere na hora de socorrer bancos mal administrados – ou, o que é pior, administrados fraudulentamente. Mas um governo não é um investimento comercial, uma firma cuja finalidade é o lucro. Não sei mais quem disse que governo é uma idéia em ação, e essa idéia não se expressa nem se exprime pelas colunas do "deve" – "haver".

Para chegar a pedir demissão, o ministro da Educação teve suas razões. O que desejava era legal e urgente e não devia ser grande coisa, nada que se comparasse ao rombo (ia dizendo "rambo") dos bancos.

Além da estreiteza na concepção do dinheiro público, deve ter havido a vulgaridade de uma disputa por território político ou lá o que seja nas entranhas do Planalto.

A mentalidade no governo neoliberal é uma resultante dos governos militares, quando foram convocados tecnocratas, que são guarda-livros de luxo. Os militares queriam livrar o país dos comunistas, tudo o mais era lucro.

FHC entrega o governo aos guarda-livros desde que o deixem ficar no poder o maior tempo possível. Se possível, o impossível.

14/4/97

De que lado estará a História?

Vi pela TV as cenas de rua junto à Bolsa de Valores do Rio de Janeiro por ocasião do anunciado leilão da Vale do Rio Doce. Pouco antes, havia visto um documentário com cenas iguais no Calabouço[10], em 1968. Tirante um detalhe técnico (umas eram em preto-e-branco, outras em cor), o visual era o mesmo. As causas, aparentemente, diversas. Mas o sentido histórico era o mesmo.

De um lado, o segmento de ponta da ordem, representado pela polícia. De outra, o segmento de ponta de uma sociedade que, nem sempre por meio de seus melhores representantes, está expressando um protesto. Não conheço nenhum caso, na história do mundo, em que o tempo não dê razão àqueles que as autoridades costumam chamar de arruaceiros, de inconformados, de retrógrados.

Tenho alguns documentários dos inícios do nazismo na Alemanha. Os sobas da época também invocavam a modernidade, a razão suprema do Estado. Pergunto: daqui a 20, 30, 50 anos, ao serem exibidas as cenas de anteontem, o que estará dizendo a voz em *off*?

Sobre a questão em si, a venda da Vale, há dois aspectos a serem analisados pelos futuros historiadores: o ideológico, sujeito às chuvas e trovoadas dos modismos políticos e econômicos; e o processual, que inclui a lisura dos meios usados pelo atual governo para impor a sua vontade.

Se o primeiro é polêmico, circunstancial, o segundo já é transparente no essencial: são muitos os buracos legais e morais que denunciam o modo e o ritmo dessa privatização. O açodamento do governo é mais do que suspeito.

Quando os parisienses adquiriram o hábito de erguer barricadas na rua ainda não havia cinema nem TV. No massacre da praça da Paz Celestial, em Pequim, já havia. As causas, aparentemente, eram contrárias. Mas a história sempre acaba dando razão àqueles que se insurgem contra a prepotência do príncipe de plantão.

1º/5/97

1997: Tudo pela reeleição 73

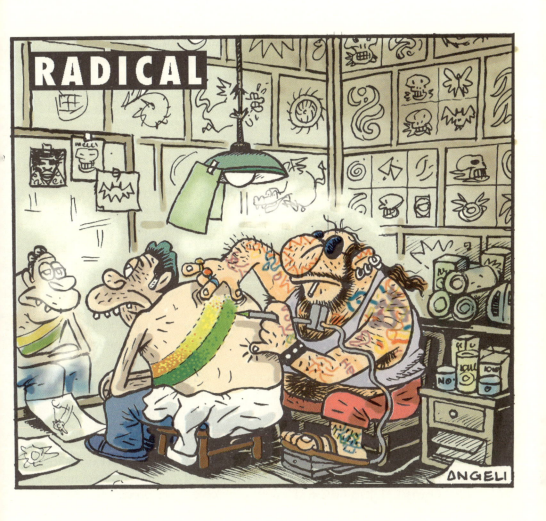

O drama do presidente

Todos admitem que o presidente da República atravessa um inferno astral. Tem sido vaiado nas ruas de todas as cidades que visita – e não são apenas os radicais do PT que jogam ovos na comitiva oficial. Caiu sete pontos nas pesquisas sobre sua aceitação popular. E está pagando por um erro primário que qualquer governante evita: nomeou para o ministério um indemissível.

Tivemos o caso de JK, o presidente que mais mexeu na cúpula do governo. Teve ministros até demais. Mas foi obrigado a engolir um insubstituível, que era o general Lott, ministro da Guerra. Entre outras coisas, Lott foi responsável pela derrota de JK na hora de fazer seu sucessor.

FHC levou Sérgio Motta para o ministério. Collor procurou manter PC Farias distante, mesmo assim não deu. Se Collor não estivesse pessoalmente comprometido com a corrupção, ele teria dado a volta por cima.

Acredito que FHC, pessoalmente, não é corrupto. Mas está de mãos atadas para afastar, ainda que temporariamente, um ministro sobre o qual pesam acusações de suborno, corrupção e diversas irregularidades.

Como tesoureiro da campanha do PSDB, mala preta para a próxima eleição, Sérgio Motta é indemissível, a menos que FHC seja louco e dê oportunidade para que o amigo afunde atirando com a munição que acumulou ao longo do tempo.

Sou dos que não acreditam na inocência do ministro. As provas são muitas, e as evidências surgem de toda parte. Mas ele detém informações, certamente guardou recibos, atas, faturas, planilhas e cheques que podem provocar até mesmo um novo *impeachment* presidencial.

O jeito é FHC engolir o sapo – e olha que é um sapo bastante gordo. O caso de JK-Lott foi parecido, mas com outro nexo. Era uma questão política, de apoio militar para um governante civil que havia sido contestado. O caso Mottão-FHC é diferente. Envolve mala preta, suborno e chantagem.

19/5/97

O mercado de consciências

Ofereço aos admiradores do talento, da honestidade intelectual e da competência do presidente da República algumas de suas idéias e intenções, emitidas há pouco tempo com a mesma cara e a mesma coragem com que hoje ele pede ordem e invoca baionetas. Tirei-as de um jornal do Rio, que, por sinal, é dos mais panfletários a favor do governo.

"Não entendo os homens quando estão no poder que não percebem, às vezes, que a grandeza é melhor para eles próprios do que aferrar-se mesquinhamente a um dia a mais de mandato" (pronunciamento no Senado, em 9 de novembro de 1991).

"Quem considerou baderna esta mobilização demonstra, apenas, que de democracia tem horror" (artigo na *Folha*, em 19 de abril de 1984).

"Há dados suficientes para mostrar que a questão das invasões reaparece com força quando a política habitacional deixa de proteger os desfavorecidos, dando margem ao reajuste de aluguéis que tornam inviável o pagamento pela camada mais baixa da população" (artigo na *Folha*, em 1º de março de 1984. Na citação feita pelo jornal carioca, há pelo menos dois erros gramaticais que talvez não sejam do professor. Mas o blablablá dele é menos correto do que o de Sarney e Collor).

Num rasgo profético sobre seu próprio futuro, temos esse clarão premonitório feito no Senado, em 5 de setembro de 1984: "O que não é lícito não é a composição partidária, são os laterais, o que vem de cambulhada, o que vem junto, o que nunca é expresso. Isso é que é mercadejar consciências".

Como já disse, FHC foi profético. Num regime democrático, a composição partidária é lícita tanto para o governo como para a oposição. O ilícito, o imoral, o crime é justamente o que vem de cambulhada. Por exemplo: um ministro de Estado mercadejar consciências para dar, a um homem aferrado mesquinhamente ao poder, não mais um dia, mas quatro anos de mandato.

28/5/97

O moedor de carne

Compromissos fora do Rio e fiquei sem acompanhar o noticiário nacional – que, aliás, passou muito bem sem os meus comentários. Com algum atraso, tomei conhecimento da última bravata presidencial. Ele se comparou a Campos Sales e, mais uma vez, a JK, achando-se uma gentil mistura dos dois.

A presunção, como a água benta, é grátis, toma quem quer e quanto quer. Reduzindo a crítica histórica a um esquema, simplista como todos os esquemas, admitamos que Campos Sales governou com austeridade financeira, amealhando aquilo que mais tarde, ainda esquematicamente, Rodrigues Alves gastaria.

JK foi o oposto, o perdulário que inventou a inflação e hipotecou o futuro nacional fazendo obras que alguns consideravam faraônicas, mas que bem ou mal marcaram a nossa mais articulada onda de desenvolvimento.

FHC não é austero em termos de governo. Gasta muito e mal. Arquivou o desenvolvimento e considera a política social a expressão máxima do populismo varguista, o lixo que atrapalha a higiene neoliberal.

Suas prioridades são contábeis, dignas de um guarda-livros provinciano. Quer apresentar seu governo no cenário internacional como atento cumpridor de uma contabilidade que está assassinando milhões de pessoas em todo o mundo, Brasil inclusive. Não poupa, como Campos Sales, pois continua gastando em programas como o da assistência aos bancos. O sistema financeiro é o Moloch que deve ser preservado. O homem é supérfluo.

Quanto a JK, a diferença é mais brutal ainda. Nem exige comentário. Temos assim que FHC repete aquela história atribuída a um português. Depois de anos no Brasil, ele voltou a Trás-os-Montes e tentava explicar a um compadre o que era um rádio. Depois de espremer a cabeça em busca de uma comparação, saiu com esta verdade: "Sabe como é um moedor de carne? Pois o rádio é bastante diferente".

28/6/97

1997: Tudo pela reeleição 77

Gravidade e globalização

Teóricos da globalização garantem que, tal como a lei da gravidade, ela não precisa de aceitação ou aprovação, tampouco de apostolado. É inevitável, inarredável, independe de gostarmos ou não dela. Assim sendo, a globalização é uma lei natural da economia mundial. Não se pode murá-la, direcioná-la com cortinas, fechá-la com paredes.

Gosto da comparação. Aceito que a globalização seja um imperativo natural como a lei da gravidade que não pode ser abolida. O capital viaja por gravidade, cai onde a produção e o lucro são mais compensadores. Se fralda coreana é melhor e mais barata do que a fralda brasileira, a gravidade do capital é mais forte que qualquer veleidade nacional. Nem se trata de uma escolha. Como a maçã que caiu na cara de Newton, a globalização é fatal.

Acontece que grande parte da história da civilização é exatamente a luta do homem não para abolir a lei da gravidade, mas disciplina-la em seu proveito. O primeiro abrigo que o homem encontrou foi a caverna, cujo teto já estava feito na rocha. Depois vieram as paredes, as escadas, os gregos inventaram as colunas. Veio o cimento armado. O teto vencia a lei da gravidade sem aboli-la.

Podia dar outros infinitos exemplos da epopéia humana em disciplinar (sem abolir) leis tão imutáveis como a da gravidade. Não foi por ressentimento ou ideologia que o homem lutou contra as leis naturais. Ele apenas procurou tornar habitável, para um maior número de pessoas, o mundo físico e hostil que o cercava.

Inventou ou descobriu técnicas de escorar tetos, de viajar sobre a água, de evitar a deterioração de alimentos, de se proteger contra raios. A civilização humana é uma luta contra a força natural.

Invocar esse tipo de força para justificar a globalização, paradoxalmente, é fazer a humanidade retornar à idade da caverna.

3/7/97

Dois presidentes

A louvada habilidade política do presidente da República repousa num assumido cinismo operacional. Ele descobriu que o Brasil é formado por dois tipos antagônicos de eleitorado. Contrariando o preceito bíblico, ele serve aos dois senhores. É preciso mais do que coragem para isso. É preciso ter cara.

Usa dois discursos contraditórios para contentar a um e a outro. Nas praças públicas, no prolongado comício que é o seu governo, ele pede ao povo que não o abandone à sanha dos apetites inconfessáveis do outro eleitorado.

No gabinete presidencial, quando fala para empresários, banqueiros, especuladores e toda a caterva desse outro eleitorado, ele se mostra moderno e globalizado, atento aos movimentos da Bolsa da Tailândia ou de outra qualquer Bolsa do turno.

Na semana que passou, mais uma vez decidiu de que lado está: vai usar o dinheiro das privatizações no abatimento da dívida. Com isso, reforça a formação do Estado neoliberal que não é mais Estado, mas uma mesa de câmbio e investimentos visando o lucro de grupos em detrimento da sociedade em geral, que precisa de saúde, educação, segurança, moradia etc.

Na primeira oportunidade em que falar ao eleitorado que devia contar – aquele que o elegeu e pode elegê-lo mais uma vez –, evitará falar na Bolsa, na Tailândia, na dívida. Dirá que seu governo está dando saúde, educação etc. e dará mais ainda no próximo mandato.

Como se vê, são dois eleitorados, dois discursos, duas caras. Talvez por isso, na foto em que o presidente anuncia o abatimento da dívida, vemos a seu lado o amigo, ministro e tesoureiro Sérgio Motta esconder a própria cara. Na véspera, ele garantira que depois de penosa negociação metade do dinheiro seria aplicado no campo social.

Daí a existência concreta de duas nações num só país. Coerentemente, temos dois presidentes.

20/7/97

O neo-autoritarismo

Lado a lado do autoritarismo econômico, mais ou menos como causa e efeito do neoliberalismo, temos o autoritarismo político. No início, foi exercido com alguma sutileza, pelo menos até o momento em que o governo empenhou-se fisiologicamente na emenda da reeleição do atual presidente da República.

Pouco a pouco, a sutileza foi substituída pela grossura. Depois de extorquir por condenáveis processos o direito de continuar no poder, o grupo liderado por FHC procura garantir uma eleição tranqüila, apenas para continuar exibindo a face conveniente do regime democrático – tal como as ditaduras formais sempre fizeram, obtendo do Congresso as leis que referendam o autoritarismo. Foi assim na Alemanha nazista, na Itália fascista e na União Soviética stalinista.

As regras para a próxima eleição estão sendo alinhadas de tal forma que será impossível uma vitória da oposição, já combalida por divisões de fundo e forma. Diminuindo a duração da campanha, podendo o presidente usar todos os escaninhos do governo para se promover, desde o avião presidencial ao rotineiro ofício de tapar um buraco na estrada ou abrir uma creche, só ficará faltando uma lei (ou medida provisória) determinando que, em face da situação, o mandato presidencial de FHC será prorrogado até... até...

Bem, a data fica em aberto. Antecedentes históricos bolaram uma forma (que foi usada por Mussolini) que é uma obra-prima de concisão: "... Até que seja necessário".

Quem determina o "necessário" é o próprio interessado. Não tenho certeza, mas acho que Salazar (ou Franco) usou uma fórmula diferente que dava no mesmo: "Até que os objetivos nacionais sejam alcançados".

Não teremos a ditadura formal, mas de fato. Sim, haverá a mídia, onde alguns poucos dinossauros, saudosos do Muro de Berlim, continuarão chiando. Nada poderão contra a lucidez cívica dos neoconvertidos.

28/8/97

1997: Tudo pela reeleição 81

A culpa é do Dalai Lama

Por mais que procure, não encontro outra palavra para designar as declarações do presidente da República, semana passada, sobre o descalabro reinante no setor da saúde: cinismo. A alternativa que me ocorre é uma palavra impublicável. Meu vocabulário é pobre.

Ele continua falando sobre os problemas nacionais como se fosse candidato a uma vaga na chapa de vereadores ou até mesmo à Presidência da República. O dinheiro destinado à saúde é mal gasto. Quem gasta esse dinheiro: o Dalai Lama? As testemunhas de Jeová? Minha defunta avó?

Nada é com ele. O ex-ministro Jatene suspeitava que o novo imposto[11], criado especificamente para a saúde, seria desviado para setores que saciassem o apetite eleitoreiro dos atuais detentores do poder, presidente da República em primeiríssimo plano.

Ao declarar que o problema não é dinheiro, FHC dá a entender que há dinheiro sobrando, o que falta é boa aplicação. Mais uma vez, a culpa deve ser do Dalai Lama, das testemunhas de Jeová e das avós alheias, defuntas ou não.

Fica difícil aceitar que o governo acredite no Sistema Único de Saúde (SUS). Ouvi dizer que os médicos que aderiram a esse sistema ganham dois reais por consulta. Realmente, não falta dinheiro. Também não faltam doentes.

Se FHC tivesse dedicado à saúde metade do entusiasmo e da generosidade com que enfrentou as resistências à emenda da reeleição, a situação poderia ser outra.

A prodigalidade dos afagos com que convenceu alguns deputados mostra que ele sabe gastar quando lhe convém. Daí talvez a acusação feita aos que não sabem gastar as verbas da saúde.

Peço desculpas aos possíveis leitores. Prometo instalar um *Aurélio* no computador para superar minha indigência vocabular. Até lá, não conheço palavras para a acusação que o presidente da República fez ao Dalai Lama, às testemunhas de Jeová, às defuntas (ou não) avós de todos nós.

27/10/97

O triunfo do carrasco

Pode até não ser verdadeira, mas a história serve para uma excelente comparação com a crise que estamos vivendo. O episódio é narrado por Arthur Koestler, a propósito de algumas leis da complicada República de Weimar – desconfio que também podem ser aplicadas ao Brasil de hoje.

Wang Kun, carrasco real durante a dinastia Ming, famoso pela rapidez com que executava os condenados, tinha um sonho: executar uma vítima com tamanha eficiência que a cabeça não rolasse, permanecendo colada ao pescoço, ao menos na aparência.

Treinou anos e um dia, ao decapitar a última vítima do seu expediente de carrasco, conseguiu a proeza. Quando o condenado subia ao cadafalso, ele vibrou um golpe de espada com tamanha habilidade que o cara continuou subindo as escadas. Ao chegar no tablado, vendo que nada acontecia, pediu a Wang Kun: "Por que prolonga minha agonia? Você é sempre piedoso para com outros, agindo depressa".

O carrasco sorriu com o seu triunfo. Disse para o condenado: "Balance a cabeça um pouquinho, por favor!"

Pensando bem, esse tal de Wang Kun pode servir de metáfora para a globalização, pelo menos quando ela se realiza numa só mão e contra nós. É rápida, é eficiente. Não sei quantos quilômetros nos separam das Bolsas asiáticas, calculo que Hong Kong deve ser longe pra burro. Mas os impulsos eletrônicos dos computadores de lá chegam até nós com a rapidez da lâmina de Wang Kun. Tão rápidos e eficientes que nem sentimos o golpe no primeiro momento. Continuamos subindo ao cadafalso como se nada houvesse acontecido.

Basta que mexamos um pouco a cabeça para tomarmos conhecimento da nossa real situação. O governo de FHC admitiu muito tarde que "alguma coisa" precisa ser feita para repensar a globalização que, no momento, só nos prejudica. Já a comparei à lei da gravidade, que é irretratável. Mas pode ser disciplinada. Do contrário, nossa cabeça cai.

11/11/97

1998
O servo do poder

Os tamborins e a CPI

Durante o regime militar, tudo de ruim que acontecia no ventre do poder foi silenciado à força. Era proibido falar sobre determinados assuntos e pessoas. Quem não obedecesse, pegava cadeia ou ficava sem condições de trabalhar na vida pública ou privada.

Nos anos 70, pediram-me para ir a Brasília cobrir um crime no qual uma jovem fora assassinada. Lá chegando, ainda no aeroporto, recebi ordem de voltar: a reportagem estava proibida. O governo colocara uma pedra em cima do caso.

Com esse e outros expedientes, o regime de força conseguiu se esticar durante 21 anos. Não corrompeu a mídia: simplesmente a calou.

No governo de FHC, não está sendo usada a força do arbítrio. O próprio presidente se vangloria de usar a "persuasão" – e ele se acredita genial nesse mister. É mole persuadir os já persuadidos. Quando há resistências, entra em cena o velho recurso da corrupção em diferentes níveis: emprego, comissão, verba liberada, dinheiro em espécie ou na forma retangular de um cheque.

O caso mais grave, até agora, foi o da compra dos votos para a reeleição. Muitos outros não tiveram a mesma visibilidade, nem por isso deixaram ou deixam de acontecer.

O episódio levantado pelo senador Roberto Requião[12] exigiria, no mínimo, uma CPI para apurar se a gravação é autêntica, se os fatos são verdadeiros, quem são os envolvidos e qual o contorno do fato, ou seja, sua dimensão.

No regime autoritário, os militares alegavam que a democracia tumultuava a vida nacional. No regime FHC, toda vez que uma investigação é necessária, o argumento do governo é o mesmo: CPI paralisa a vida do país.

Infelizmente, grande parte da mídia, acredito que na turma dos persuadidos, torna-se cúmplice do novo modelo de autoritarismo. Elege como prioridade absoluta a gravidez da Xuxa, discute a morte cerebral e começa a esquentar os tamborins para o carnaval.

13/1/98

O lamento de FHC

O ministro Sérgio Motta continua o mesmo: declarou que as denúncias envolvendo o governo na liberação de verbas da Saúde "são frágeis". Como foram frágeis as gravações que o davam como o homem que pagava a compra dos votos para aprovar a reeleição.

Bolas! O que torna uma denúncia forte o suficiente para ser investigada por quem de direito, ou seja, a polícia ou uma CPI? Quem a fez não foi um desconhecido, por meio de carta anônima ou um disque-denúncia.

Foi feita da tribuna do Senado Federal. Sem discutir a personalidade de Roberto Requião, o fato é que se trata, até prova em contrário, de um senador da República, ex-governador, cuja responsabilidade moral, civil, penal e política entra em jogo.

Se tudo isso constitui uma denúncia frágil, o que se precisa para apurar uma grave irregularidade no manejo das verbas públicas?

No caso da compra dos votos para a reeleição, tivemos a confissão oblíqua de dois deputados envolvidos na gravação de fitas autenticadas pela perícia técnica. Eles preferiram renunciar ao mandato a enfrentar uma investigação, que afinal não houve.

FHC jogou tudo em cima para impedir a CPI. A impressão que se tem, aqui fora, é de que tantas coisas estranhas acontecem no bojo do governo, que uma investigação honesta para apurar um fusível queimado no Alvorada poderá desabar o paraíso oficial.

O mais recente escândalo será minimizado pelo governo e esquecido ou silenciado pela mídia. É a tática que FHC acha inteligente para superar a onda de irregularidades de seu governo.

Ele deve lamentar que a crise nas Bolsas asiáticas (que pode bagunçar o Plano Real) escape da mídia nacional e não possa ser esquecida nem silenciada. Aliás, anteontem ele já fez esse lamento. Deve estar torcendo para que o papa morra e os jornais encontrem assunto mais saudável para as primeiras páginas.

14/1/98

1998: O SERVO DO PODER 89

Oposição artesanal

Em volta de uma macarronada com frango, na casa da senadora Benedita da Silva, aqui no Rio, parece que finalmente foi selado o acordo das oposições para a eleição presidencial deste ano.

Cabe agora aos demais partidos contrários ao governo aderir ou rachar a frente que se pretende armar para impedir o continuísmo do atual esquema de poder.

Por mais que se articule (na verdade, ela se desarticula), a oposição não supera o estágio artesanal: tudo é feito manualmente, a duras penas, o acabamento pode até sair nobre, mas não dá para competir no mercado eleitoral.

Para aparecer na mídia, foi necessário dar um trabalhão à senadora, que passou parte da noite e da manhã na cozinha, preparando o bródio modesto, mas rico de sustância e, na certa, saboroso.

Enquanto isso, o candidato da situação, além de aparecer compulsoriamente na mídia por força de seu cargo, descola até um quarto de página do *Diário Oficial da União* para anunciar um livro dele[13], livro por sinal inútil, pois o próprio autor pediu que esquecessem o que ali está escrito.

Não adianta lembrar Davi e Golias. O duelo foi decidido por uma funda – um equipamento sofisticado para o gigante, que só contava com a força de seus braços.

Os recursos astronômicos, que elegeram FHC em 1994, serão ridículos diante da avalanche que está sendo montada para manter o mesmo grupo no poder. Evidente que sempre pingará algum no pires de Lula e da oposição formada em torno dele. Pior do que esmola, será um símbolo de que no Brasil funciona o jogo eleitoral, com a situação de um lado, a oposição de outro.

Daí que essa macarronada com frango na casa de Benedita, além de artesanal, também não deixa de ser simbólica. Dá para manter a oposição em pé, com suficiente dose de proteínas e sais minerais. Mas nada poderá contra o poder industrializado.

21/1/98

O melhor candidato

Na seara oficial e oficiosa, o argumento mais brandido pela turma do continuísmo é politicamente correto: o melhor candidato para a sucessão de FHC é o próprio FHC. Lidera as pesquisas, tem a máquina administrativa a seu favor e, a seu favor, tem a falta de escrúpulo para alterar, em benefício próprio, desde a Constituição até o exaustor da cozinha do Palácio do Alvorada.

Cada vez mais surge esta pergunta na mídia: quem melhor do que ele? A pergunta na realidade é uma resposta: quem, senão FHC, poderá garantir esta frente colossal de interesses da classe dominante, que dorme tranqüila porque os sindicatos estão atemorizados não pela polícia, mas pelo desemprego?

Muita gente ainda acredita que o regime autoritário dos militares durou 21 anos por causa da repressão policial. Não foi bem assim. Parte da mídia e a quase totalidade da classe política deram sustentação e quadros para os militares ficarem no poder por tanto tempo.

Economistas e tecnocratas de tamanhos e feitios diversos tiveram sua hora e vez. Oligarquias foram criadas nos Estados e nos segmentos principais da economia nacional. Tal como está acontecendo agora. Mudaram alguns nomes, algumas prioridades foram substituídas, mas o núcleo continua o mesmo. Daí a frase que FHC disse que não disse, mas parece que disse mesmo.

O autoritarismo militar tinha um defeito: de tempos em tempos mudava o general-presidente. Isso obrigava a classe política a algum esforço para buscar o alinhamento. Mudava-se o grau, não o gênero do regime.

A mudança de gênero funcionou parcialmente, mesmo com Sarney, Collor e Itamar. Entre trapalhadas mil, a sociedade democratizada tendia a buscar um caminho. A aliança da dissidência do velho PMDB com o PFL, partido que deu sustentação política à força, reatou a linha do neo-autoritarismo. Para eles, o melhor candidato ao poder é o próprio poder.

31/1/98

Tempo de anticandidatos

Muita gente ficou admirada quando aqui desembarcou o general Humberto Delgado, candidato derrotado em Portugal. Como? Portugal não era uma ditadura? Salazar não empolgava o poder desde 1928, com uma das maiores reservas de ouro da época e uma das polícias mais truculentas da história?

Sim, em Portugal havia eleições de tempos em tempos, como havia no Haiti, onde Papa Doc era mais popular do que FHC, tinha 97% do eleitorado. (Havia um candidato de oposição que tinha 1% e a margem de "indecisos" era o dobro da oposição, ou seja, 2%.)

Durante o regime militar houve um ano em que Ulysses Guimarães se lançou anticandidato. Evidente que o candidato do sistema deu um banho nas urnas do Colégio Eleitoral. Segundo os editoriais da mídia, a oposição foi acusada de não ter uma mensagem que fosse captada pelo eleitorado, que era indireto e por isso mais fácil de ser captado.

Bolas, o que têm essas reminiscências da arqueologia eleitoral a ver com as eleições deste ano? Não vivemos uma ditadura formal, mas as regras que vão vigorar no próximo pleito foram feitas de tal forma que o candidato da situação deverá ganhar folgadamente.

Primeiro: a reeleição é um fato novo, pois até o dia do pleito e nos dois meses seguintes antes da posse, o poder de fato exerce um encanto a que as chamadas forças vivas da nacionalidade não ousam resistir. Segundo: na prática, a campanha será limitada à TV e a sua duração foi reduzida a um mínimo que equivale a um nada. E esse nada será ocupado majoritariamente pelo próprio presidente. Terceiro: além da campanha em si, há um cabo eleitoral (o R$) subvencionado por juros altos e pela taxa cambial.

Num quadro como esse, qualquer candidatura da oposição será um esforço de reportagem, na base do "fizemos o nosso dever, demos o recado". Tal como aconteceu com os anticandidatos Humberto Delgado em Portugal e Ulysses Guimarães no Brasil.

4/2/98

Pluma ao vento

Até que ponto um político profissional é confiável? Respondo de sola: nenhum. Bem, dirão alguns defensores da classe (que os há, sobretudo na mídia), há políticos idealistas que não se enquadram no conceito de "político profissional".

Idealista todo mundo é, inclusive alguns políticos, na medida em que têm "idéias" – sejam lá quais forem. Hitler era idealista, PC Farias também. Um queria dominar o mundo por meio da pureza racial e da força. O outro queria dominar a cena brasileira por meio da corrupção. São duas idéias.

O cidadão que interrompe sua atividade de origem e "oferece" seu nome ao eleitorado, seja para vereador ou presidente da República, torna-se um profissional: precisa dedicar tempo integral à causa de sua eleição ou reeleição. Almoça, janta, ceia, toma cafezinho na base do que pode lucrar.

Daí que não existe a divisão entre políticos idealistas e profissionais. Todos são as duas coisas ao mesmo tempo. E volto à pergunta inicial: são confiáveis?

Tomemos como exemplo o próprio presidente da República, que não faz muito, durante a Constituinte, tinha uma idéia contra a reeleição e hoje tem uma idéia a favor da própria reeleição, sendo, portanto, um idealista ao dobro.

Mas é também profissional porque pensa e atua em função de sua profissão, que é a de ser presidente da República pelo maior tempo possível.

Outro dia, encomendei um texto para servir de prefácio a livro de amigo meu. O sujeito gostara do livro e era também amigo do autor. Quando lhe propus a tarefa, ele alegou que era um "profissional". Queria ser pago – o que achei justo e providenciei o pagamento pelo preço do mercado.

Qual o preço de mercado de um político profissional, que todos o são? Evidente que não pode ser um preço em dinheiro (em alguns casos até que pode). Não sendo em dinheiro, o preço é que nem a mulher, *móbile*, qual pluma ao vento, ou seja, não merece confiança.

8/2/98

Assim é fácil

Tudo tem um preço. Depois de esculhambar o Brasil pela violação continuada dos direitos humanos, os Estados Unidos, por meio de sua imprensa quase oficial, elogiaram FHC entusiasticamente, colocando-o como uma espécie de varão de Plutarco da economia de mercado.

A questão dos direitos humanos não fora criticada como nos tempos do autoritarismo. O desrespeito ao ser humano não tem como cenário as celas e os subterrâneos da repressão policial.

É global a tortura, atinge a todos que não são chamados ao banquete do neoliberalismo que, a curto prazo, colocará quatro quintos da humanidade diante do dilema: exclusão ou eliminação.

Semana passada, FHC apoiou os Estados Unidos na questão do Iraque[14]. Concordou com Washington até onde o governo americano lhe pediu: apoio no Conselho de Segurança da ONU. Não lhe foi pedido o envio de tropas.

A docilidade teve imediato retorno. FHC recebeu elogios. Talvez receba ajuda mais concreta em forma disso ou daquilo. Quando o mesmíssimo Iraque entrou em guerra contra o Irã, foi incensado pela imprensa norte-americana e armado até os dentes pelo Departamento de Estado. Afinal, o satã de plantão não era Saddam Hussein, mas o regime dos aiatolás.

Assim é fácil ganhar elogios e afagos da única superpotência existente. Nos tempos do Império Romano, muitas províncias tinham reis locais (como Herodes, na Palestina). Churchill fala dessas marionetes que conseguiam preservar a imagem interna de soberania à custa de concessões ao núcleo do poder mundial. Sua frase é muito boa: "São aqueles que aquecem as mãos na lareira do invasor".

Em 1991, o Brasil optou pela neutralidade na Guerra do Golfo. Curiosamente, no após-guerra, os presidentes brasileiros que resistiram a um apelo dos Estados Unidos, com ou sem razão específica, não terminaram o mandato. Foi o caso de Collor, Goulart, Jânio e Vargas. Enquanto isso, a docilidade merece reeleição.

10/2/98

Informação e opinião

O puxa-saquismo de grande parte da mídia, sobretudo no jornalismo das TVs, já participa euforicamente da campanha para a reeleição de FHC. Outro dia, vi e ouvi o comentarista principal de uma de nossas redes elogiar e justificar o clima eleitoral que o governo imprimiu à administração pública.

Deu-se que, semana passada, com o pretexto de inaugurar obras locais feitas por outros, o presidente foi descolar uns votos no Maranhão e no Ceará. Como sempre, houve protestos de pequenos grupos da oposição, que o comentarista genericamente chamou de "esquerda". Terminada a informação, ele deu a opinião: "O que querem os esquerdistas? Que o presidente se retire a um convento ou fique preso no palácio? Está no dever dele inaugurar obras que ajudam o Brasil a crescer" (a citação é de memória).

Não sendo eu esquerdista, concordei com o comentário. Não temos *know-how* em matéria de reeleição, daí que fatalmente haverá o uso tolerável e o abuso intolerável da máquina administrativa.

Mas logo no bloco seguinte, havia uma reunião dos líderes do MST, que estão elaborando um plano de ação para colocar a reforma agrária na pauta da campanha que se esboça. Existe o risco de o governo, dispondo da faca e do queijo, da formidável coalizão de interesses continuístas, restringir o debate à beleza sem par de nossas cascatas, às asas ligeiras das nossas borboletas azuis.

O comentarista ficou aquilo dentro da roupa. "O que eles querem é tumultuar a vida nacional, provocando badernas e tentando denegrir a imagem do Brasil lá fora!"

Como se vê, nem houve a elementar isenção que se espera do noticiário. Nos tempos autoritários, os áulicos do sistema deixavam de dar notícias que não interessavam ao bom nome do Brasil. Era uma forma cínica de formar opinião.

Com a liberdade que a Constituição nos garante, a informação afinal é dada, mas a opinião, que bajula o poder, condena a razão.

11/2/98

1998: O servo do poder

Déspota assumido

Semana passada, FHC jactou-se de que podia mudar a Constituição à hora que entendesse, tinha maioria para isso. Não apenas na hora, mas no interesse da ocasião. Com os métodos de persuasão adotados por ele, tudo é possível.

O país ficou reduzido a um presidente e a um colégio constitucional composto de umas 650 pessoas: congressistas, governadores amigos, alguns economistas e juristas que encontram as fórmulas adequadas a cada "interesse" do presidente.

É a ditadura constitucional instaurada, à custa não de baionetas, mas de verbas, empenhos, empregos e sinecuras distribuídas entre os membros desse colégio constitucional.

A fórmula encontrada por FHC não é nova, é velha, velhíssima. Nem sequer é inteligente. É apenas grosseira.

E vai além: é criminosa. Se ele usasse esse poder em benefício da nação, seria tolerável. Temos problemas agudos como o da saúde, do emprego, da educação e da segurança, mas quando se discutem esses assuntos, a palavra do presidente é sempre de respeito à lei, não se pode fazer isso nem aquilo porque a Constituição não deixa e há que se respeitar a lei, um país civilizado tem na lei a pedra fundamental, do contrário seria a barbárie – e ele cita todas as obviedades que formam seu ideário político e pessoal.

Na hora de agir em benefício próprio ou do grupo que o sustenta, FHC invoca o estranho poder de mudar a Constituição que jurou respeitar. Sabe como fazer isso.

Bolas, por que não distribui pontes, estradas vicinais, empregos no exterior e, pagando tamanho preço, altera a Constituição nos quesitos que impedem a reforma agrária ou que estrangulam o mercado de trabalho e sucateiam a estrutura da saúde pública?

Há tempos, alguns puxa-sacos falaram que FHC seria um déspota "esclarecido". Por que não um déspota assumido, fazendo as coisas que precisam ser feitas e do lado certo?

14/2/98

A era dos paquetes

O cabo eleitoral que reelegerá o presidente da República está custando caríssimo a todos nós, da atual geração de brasileiros. Custará muito mais às gerações que virão.

Quando começaram as privatizações para diminuir as dívidas da União e dos Estados, foram poucos os que não acreditaram na honestidade dos governantes.

Tivemos agora, com a divulgação do déficit público (recorde absoluto), a desculpa calhorda: gastou-se o dinheiro das privatizações para pagar salários, precatórios e, provavelmente, papel higiênico para repartições federais ou estaduais.

Vendemos patrimônio para isso. A outra desculpa apresentada pelos corifeus governamentais foi a da eficiência. Os casos da Light e da Cerj são amostras (não gratuitas) do que nos espera.

Esfacelaram o parque industrial brasileiro. Estamos regredindo à condição de país portuário, que depende basicamente dos paquetes para comer, cuidar da saúde, para viver, em suma. Importaremos tesourinhas de unhas Sollingen e vamos chegar à perfeição de importarmos manteiga francesa – como no início do século que está terminando.

Voltamos à era dos paquetes, que chegavam dos países industrializados num ciclo de 28 dias – daí a expressão "paquete" para designar vulgarmente o ciclo menstrual das mulheres.

A isso, o príncipe dos sociólogos chama de modernidade. A continuarmos modernos dessa maneira, no dia em que FHC deixar o governo (ele terá de deixar um dia, nem que seja daqui a mil anos), o Brasil estará de novo no ciclo do pau-brasil – se por acaso ainda existir tal árvore em nossas matas.

Bem ou mal, estávamos terminando o século XX na condição de país emergente. Nos três anos que nos separam do novo século, teremos tempo de sermos modernos o suficiente para recebermos os livros do Paulo Coelho pelo próximo paquete.

28/2/98

Cinismo explícito

Confesso que senti alguma coisa parecida com escrúpulo (ou remorso) quando, já faz tempo, classifiquei o presidente da República de cínico. Afinal, procuro não cometer insultos pessoais, e, na realidade, ele não merece isso, nem eu. Mas sua figura pública está aí para isso mesmo, para ser julgada e avaliada. E insistir em dar nome aos bois é uma das tarefas da minha profissão.

Nos últimos tempos, tenho lido e ouvido outras pessoas fazerem o mesmo, chego a suspeitar de que está se tornando uma constatação óbvia – e o presidente tem feito o bastante, até com algum exagero, para que nele se coloque a etiqueta de cínico. Quase todo dia vejo alguém acusá-lo disso, até mais pesadamente do que eu.

Semana passada, a *Folha* republicou um artigo de FHC contra as medidas provisórias, artigo pesado, furibundo, quase panfletário. O então senador que queria subir na vida desancava o ex-presidente Collor (ao qual chegou a se oferecer para ministro) por causa das medidas provisórias, que eram muitas, mas poucas diante das que, atualmente, o senador agora presidente vem editando.

É um caso entre muitos. Honestamente, não me interessa saber se FHC pediu ou não pediu que esquecessem o que havia escrito. A realidade de sua atuação no poder é uma prova de que ele ou não sabia o que estava dizendo no passado ou o que diz e faz agora é merecedor de crítica. E vou além: merecedor de condenação.

No artigo republicado, FHC acusava Collor de emascular o Congresso, de se alçar a uma espécie de neoditadura, uma vez que as medidas provisórias funcionam como os velhos decretos-leis da ditadura tradicional.

Ele invocou a moral e os bons costumes, dando a entender que é vinho de outra extração. Pois sim! Daí que não preciso ter remorsos quando o considero um governante cínico. Não daquele cinismo filosófico que se aceita. Mas do cinismo vulgar que pode descambar para coisa pior.

16/3/98

O servo do poder

Faz tempo entrevistei Régine, que na ocasião mantinha casas noturnas nas principais capitais do mundo e era considerada, pelos colunistas especializados, como a "Rainha da Noite". Meu texto teve um título diferente: "A Escrava da Noite". Judia polonesa, ela ficou em parte irritada e em parte emocionada. Admitiu que eu percebera o embuste em que ela vivia e do qual queria se livrar.

A propósito da aula de sabedoria dada pelo presidente no dia 8 de abril[15], citei Hitler e agora cito Régine. Mas gostaria de citar filósofos que realmente deram a régua e o compasso ao pensamento humano, uma galeria que começaria nos pré-socráticos e terminaria talvez em Descartes.

De uma ou outra forma, eles analisaram o poder como expressão de uma sociedade que se manifesta num grupo ou numa pessoa, mas sem cometer a comodidade de criar uma ética específica para o poder. Mesmo aqueles que justificavam a tirania (e foram muitos) não contestaram as categorias universais codificadas por Aristóteles e que incluem o bom e o bem.

O fascínio que o poder exerce na alma de alguns abnegados podia ser definido pela frase que Mussolini proferiu certa vez com a arrogância de sucessor dos césares: "Prefiro um dia de leão a cem anos de ovelha!".

Numa análise bonachona do governo FHC, vemos que ele prefere os cem anos de ovelha, balindo docemente ao cajado dos verdadeiros senhores do poder que estão espalhados pelo mundo e pelo país.

Serão difíceis esses cem anos, basta lembrar que, para ser reeleito apenas mais quatro anos, ele foi obrigado a comprar votos no Congresso e a inaugurar um ministério anedótico, no qual o titular do Trabalho inicia a gestão negando uma evidência mundial[16].

No fundo, a aula dada pelo presidente tentou justificar a sucessão de mentiras e traições do cientista (ou do intelectual) que ele julga ser. Servo do poder, ele poderá cada vez menos.

12/4/98

O direito da fome

Mais uma vez, o presidente da República demonstrou que a sua decantada carreira intelectual não passou de um medíocre estágio para se tornar o político fisiológico e voraz que conhecemos. A maneira pela qual encara a atual seca no Nordeste, além de cínica, é furadíssima do ponto de vista moral, penal e político.

A CNBB (Confederação Nacional dos Bispos do Brasil) lembrou que a melhor doutrina da Igreja, centrada na obra de Alberto Magno e, principalmente, de Tomás de Aquino, justifica o saque quando há fome. Pulando da Idade Média para os dias de hoje, magistrados reunidos semana passada no Paraná criticaram a arrogância desinformada do presidente, lembrando que o nosso Código Penal não pune aquele que rouba porque provavelmente tem fome.

A crítica de FHC aos bispos revela ignorância num assunto sobre o qual, como sociólogo, ele deveria estar mais bem informado. Para ele, a solução da fome é a eterna distribuição de cestas básicas, desde que feitas pelos cabos eleitorais dos políticos que prometem apoiá-lo na reeleição. Sua visão do campo social ficou limitada a isso: ordem e cesta básica.

Durante secas históricas, como as de 1915, 1932 e a de agora, o direito ao pão (que simboliza o direto à vida) subordina todos os demais direitos, principalmente os cartoriais, que guardam escrituras de terra e propriedade.

Há um símbolo literário quando se discute o direito que nasce da fome: Victor Hugo, em *Os Miseráveis*, criou um dos personagens mais fortes da literatura universal. Jean Valjean tinha fome e roubou um pão. Exemplo de mansidão, quando Jesus teve fome, procurou um figo para comer. Amaldiçoou a figueira que não o alimentou.

Desconfio que perco tempo em lembrar esse direito. Bem alimentado inclusive por buchadas de bode, o presidente só conhece uma fome – a do poder – e para saciá-la promove também um tipo de saque à sociedade.

4/5/98

A seda e a chaga

Volto ao assunto da seca que está tomando proporções inaceitáveis para o estágio de civilização que julgamos atravessar. Sempre é lembrada aquela cena comovente, o imperador dom Pedro II chorando e prometendo vender a última jóia de sua coroa para acabar com o flagelo.

Acabaram com a monarquia, a coroa repousa numa caixa de vidro no Museu Imperial de Petrópolis, não lhe falta uma pedra. O que não acabou foi a seca. A República também fez promessas. Não tendo coroa para vender, está agora vendendo empresas estatais para pagar juros da dívida externa e dar lucratividade aos especuladores daqui e de fora.

Quando FHC viaja ao exterior, as comitivas que preparam a visita distribuem na mídia as maravilhas do Brasil de hoje, o grau de desenvolvimento que estamos alcançando, nossos recordes agrícolas (quando não os há, inventam-se), nossa tranqüilidade institucional e nossa generosa taxa de juros que garantem excelentes lucros a quem investir em nosso mercado de capitais, não em nossa economia.

Misturando a parte técnica com o oba-oba exótico, fazendo um *blended* das fartas recompensas na Bolsa com nossos tucanos e nossas borboletas, com nossas verdes matas e lindas cascatas, o presidente arrota uma grandeza de Primeiro Mundo.

Tudo isso se esboroa diante da realidade de nossa miséria. O Brasil do ano 2000 vai iniciar o próximo milênio levando na carne a chaga que não soube fechar em quase 500 anos de história. Pode fazer piruetas no cenário internacional, vestir-se como nação civilizada e emergente, bimbalhar todos os penduricalhos do neoliberalismo globalizado.

Mas, a cada volta que der no salão, todos verão a chaga que nunca foi fechada, a chaga que enodoa e enoja. E todos saberão que nossas roupas de seda escondem uma podridão moral que não sabemos curar.

5/5/98

Ordem e cesta básica

Como qualquer coronelão das velhas oligarquias, e depois de consultar as planilhas de tudo o que aprendeu como sociólogo, FHC descobriu o remédio para enfrentar a seca: ordem e cesta básica. Numa tradução livre: rebenque e corrupção. A ordem mantida pela força e a cesta básica servindo de moeda para subornar os mais aflitos.

Ninguém tem nada contra a ordem, muito menos contra a distribuição de comida aos necessitados. A indignação é contra a insensibilidade do governo em dois planos: no moral e no social.

No moral, temos a revelação de que verbas destinadas ao combate rotineiro contra a seca foram desviadas para pagar a dívida externa. Um saque no Orçamento, muito mais grave do que qualquer saque contra um armazém de secos e molhados.

No social, o eterno descaso para com as populações mais pobres, manipuladas apenas em termos eleitorais pela demagogia de ocasião. Há um plano tecnicamente viável para acabar com a chaga que nos envergonha como povo: a transposição do rio São Francisco.

É um plano relativamente caro, mas não para um governo que despeja milhões para socorrer bancos mal administrados. E tem a vantagem de criar milhares de empregos na região, tornando-se um canteiro de obras semelhante ao que construiu Brasília. Polêmica embora, a nova capital absorveu durante três anos a considerável massa de retirantes que se transformaram em candangos.

Oitenta por cento do solo de Israel é mais árido do que o Nordeste brasileiro. Com criatividade e pouco dinheiro, grande parte do deserto foi recuperada com simples mangueiras de jardim furadas de metro em metro. E um mínimo de água controlada de tempo em tempo. Obteve-se assim o maior rendimento agrícola por hectare quadrado.

Bem, nada disso servirá a FHC. Com ordem e cesta básica ele acredita que resolverá, pelo menos, o seu problema pessoal.

10/5/98

O candidato e o presidente

A Justiça Eleitoral somente não enquadrará o presidente-candidato se não quiser. Fosse outro o indivíduo que acumula as duas funções, até que poderia haver confusões e interpretações cavilosas. Mas FHC foi o primeiro a proclamar que há uma ética de governante e outra de cientista – e é como cientista social que ele se apresenta ao eleitorado.

Fica mole discernir em seus discursos as duas éticas que compõem a sua personalidade moral. O exemplo mais recente e esclarecedor foi o discurso (como presidente) em que chamou os aposentados de vagabundos. Pouco depois, o candidato ocupou cadeia nacional para, na tentativa de explicar o presidente, explicar o candidato, que era ele.

Qualquer paralelepípedo da rua Lins e Vasconcelos, aqui no Rio (a imagem é do Nelson Rodrigues), sabe distinguir quando fala um e quando fala outro. Se é jactância, se afirma que fez e aconteceu, todos sabemos que é o presidente falando. Se faz promessas mirabolantes, prometendo emprego, saúde, educação, segurança e mundos e fundos, é o candidato arengando na TV.

Como naquele filme do Spencer Tracy (*O Médico e o Monstro*), a primeira coisa que muda num e noutro personagem é o tom da voz. Há uma voz para o monstro e outra para o médico.

O mesmo acontece com FHC. O presidente é irônico, ilustrado, cita Weber e Maquiavel, prova por "a" mais "b" que tudo vai bem e irá melhor. Se há dificuldades, ele as tira de letra. É um Solon, um Licurgo. Em sua opinião vivemos uma era de Péricles.

Já o candidato oscila entre a blandícia e a veemência. Exalta-se contra os demagogos que enganam o povo, os que mudam de opinião. (Nada disso é com ele.) Mas usa também a blandícia, a *sottovoce*, garantindo que, ao contrário de outros políticos que têm duas caras, ele só tem uma, embora de madeira.

23/5/98

A oposição encontrou uma voz

Com lastimável atraso, e já de olho na campanha eleitoral para a reeleição, o presidente da República começa a criticar a globalização. Só agora, ao término do mandato (que ele espera ser o primeiro, mas não o único), FHC descobriu a pólvora.

Tal como foi aceita e absorvida, como se fosse uma lei da física (a lei da gravidade, por exemplo), a globalização somente poderia beneficiar países em adiantado estágio de desenvolvimento, grosso modo, os países ditos do Primeiro Mundo. O Brasil foi apanhado no contrapé no momento em que, apesar dos pesares, podia ser considerado emergente.

A globalização cortou esse movimento ascendente. Não somente o paralisou, mas, a médio prazo, o enviará de volta ao estágio de subdesenvolvimento colonial.

Já lembrei que as próprias leis naturais, não podendo ser abolidas, podem ser disciplinadas pelo gênio humano. A lei da gravidade não foi revogada, mas domesticada pelas colunas que sustentam nossos tetos, pelos motores que impulsionam os aviões.

Mesmo admitindo que a globalização é uma lei física tão imutável e fatal como a da gravidade, ela teria de provocar a criatividade dos governantes e das sociedades em atraso tecnológico e cultural. E nunca a docilidade que FHC e sua equipe adotaram ao longo de seus já quase quatro anos de poder.

Agora é um pouco tarde. Só servirá mesmo ao candidato FHC, que já prepara o discurso eleitoral na oposição a si mesmo, ao que fez, ao que deixou de fazer e, sobretudo, ao que não fez e devia ter feito.

As declarações do presidente em sua última viagem pelo exterior deixam claro que, em face do desgaste apontado pelas pesquisas, ele pretende ser a voz mais categorizada da oposição ao que aí está.

Ele será contra as medidas provisórias, contra a barganha dos cargos públicos, contra o suborno que compra congressistas. Será contra tudo o que foi e fez. Talvez seja reeleito mesmo.

25/5/98

Tempo de ameaças

Presidente da República, ministros, governadores, prefeitos, líderes do empresariado e parte numerosa da mídia estão repetindo os mesmos argumentos e fazendo as mesmas advertências do regime autoritário de 64: o movimento dos sem-terra, sem-água, sem-comida, sem-emprego, sem-saúde, sem-educação e sem-casa está ameaçando a democracia do Brasil.

Semana passada, vi pela TV a cara patética do ministro da Justiça lamentando que maus brasileiros e cruéis demagogos estivessem ludibriando as massas ordeiras de nordestinos que desejam paz e ordem. Segundo o ministro, elas estão sendo coagidas aos saques e às manifestações de protesto.

Com as mesmas palavras e com a mesma cara preocupada (às vezes alarmada), o presidente da República faz a mesmíssima descoberta: cobrar do governo o mínimo de decência humana é subversão, atentado aos ideais democráticos que norteiam nossas autoridades.

Ouvimos esse blablablá, durante os 21 anos do regime autoritário, toda vez que pedíamos liberdade e justiça social – que também constituem o mínimo de nossa decência moral.

Tão ameaçada, tão frágil, tão mal compreendida – são essas as palavras que FHC usa quando fala sobre o tema –, a democracia neoliberal é a donzela que não pode ser molestada pelos adversários da situação. Para o governo, a mesma donzela é a marafona a serviço do *status quo*, dando-lhe tudo.

Essa mesma lengalenga do poder justificou todos os regimes de força da história. E hoje atravessamos um regime de força especial, sem a formalidade da ditadura, mas com o mesmo espírito totalitário: o povo, a multidão dos excluídos não deve nem pode fazer marola, bagunçar o coreto do poder, perturbar a tranqüilidade das classes dominantes da sociedade.

Considerando qualquer reivindicação um tipo de ameaça à democracia, o governo ameaça com o quê? Justamente com o fim da democracia.

27/5/98

A herança do medo

Dou de barato que FHC deverá ser reeleito, não importa se em primeiro ou segundo turno. Não é apenas a máquina que o favorece. É também a falta de escrúpulo em usar o poder, há pelo menos ano e meio, para obter o segundo mandato. Se o deixarem, partirá para um terceiro.

Criou e deixou que criassem para ele a certeza de que o fator econômico é o preponderante na vida de uma nação. Há miséria no povo, desemprego, falta de serviços públicos. Mas o mercado está satisfeito. E os donos do único mercado que interessa – o multinacional – estão satisfeitíssimos.

Não estava no país quando as pesquisas fizeram Lula encostar nos índices de popularidade do presidente da República. Não conheço as razões da subida e da posterior descida do candidato petista na preferência do eleitorado. Mas fiquei sabendo do pânico que desabou sobre o empresariado e os agentes internacionais. Ninguém chegou a declarar que 700 industriais e banqueiros iriam procurar outras terras para seus negócios. Sei de fonte segura que muitos empresários voltaram a especular com a possibilidade de emigrarem para fugir de um governo que recolocaria o social na prioridade da nação.

Toda a habilidade política de FHC e de seu grupo é sustentar a idéia de que, sem ele na Presidência da República, ressurgiria o caos social por meio de greves, reivindicações salariais, encargos trabalhistas etc. Afinal, esses resíduos que rotularam de "era Vargas" voltariam a infelicitar o capital, a perturbar o mercado, a diminuir a taxa de lucros dos especuladores.

Por mais primário que seja tudo isso, é por aí que FHC atua – sendo o primeiro a acreditar nos chavões neoliberais. Leio nos jornais que a Inglaterra, depois da era Thatcher, vai investir nos próximos meses uma fábula no setor social. É o reconhecimento de que o lucro contábil não pode ser a finalidade de uma nação, o bem supremo de um povo.

21/7/98

Corretores de maracutaias

Corretor e vendedor parecem a mesma coisa, mas são diferentes no modo e no fim. O vendedor investe num bem, passa-o a outro e procura lucrar com isso. Corre o risco de levar um ferro ou de fazer uma venda desastrosa.

O corretor apenas aproxima o vendedor do comprador e ganha com isso. Nada arrisca. O bem que oferece é de outro, e é um outro que ficará com o bem (ou o mal, conforme o caso).

Nos leilões das empresas estatais, os mais assanhados não são os compradores, muito menos os vendedores – que somos todos nós. São os corretores.

Daí a sabedoria do presidente da República em nomear um corretor para o Ministério das Comunicações[17] justamente no momento em que o setor está sendo entregue a grupos privados – entre os quais algumas estatais estrangeiras.

O importante é garantir política e policialmente a transação. Não importa que o comprador nem tenha o dinheiro para cobrir o preço definido no leilão: o próprio vendedor (no caso todos nós) emprestará esse dinheiro a juros camaradas.

Não importam, tampouco, os preços arbitrados e os ágios esperados. O negócio é tão bom para os corretores que qualquer coisa é lucro. Só não é lucro melar a venda. Depois, os compradores se arrumam e os vendedores ficam chupando o dedo. Quem sai ganhando, haja o que houver, é o corretor.

O desdém que essa turma nutre contra as estatizações baseia-se nisso: o Estado encampa um serviço e nada paga aos intermediários. Na contramão, esses agentes adoram a privatização. Tornam o negócio viável pelo baixo preço do pregão inicial. Com um pouco de paciência e *know-how*, chegam até a prever o lance final e o grupo vencedor.

Evidente que, em alguns casos, determinada privatização seja indispensável à eficiência exigida de uma empresa que explora um serviço público. Mas, tal como estão sendo feitas, as privatizações de FHC são apenas biombos neoliberais que certamente escondem as maiores maracutaias de nossa história.

2/8/98

1998: O servo do poder 113

Penicos e bananas

Os principais argumentos para as privatizações têm como núcleo duas evidentes verdades. A primeira é a constatação de que as estatais são mal administradas, acumulam déficits e envergonham a modernidade do país. A segunda é que o Brasil endividado precisa pagar os credores.

Como o desenvolvimento da economia é problemático, o recurso para obter recursos é a venda do que pode ser vendido, ou seja, tudo. No Código Civil de antanho, ao que parece, era lícito o falido vender esse tudo. Tudo podia ser vendido ou penhorado, menos o penico. Era, como se vê pelo detalhe, uma legislação paternalista. Os tempos são outros, agora nem o penico se salva.

Não estou interessado em salvar os penicos do Brasil, mas fico sem entender por que ainda não privatizaram a maior, a mais deficitária, a mais inoperante das nossas estatais, que é o próprio Estado.

Num mundo globalizado, em que as soberanias são retrógradas, em que os hinos nacionais só comovem antes dos jogos da Copa do Mundo, na modernidade neoliberal do mercado, a existência de um Estado como o nosso é uma excrescência, um anacronismo. Um penico que não podemos penhorar nem vender.

Os grandes grupos estão se associando no saudável propósito de diminuir os custos e aumentar os lucros – filosofia sofisticada que de tão moderna já está velha de 8.000 anos. Comprar o Estado do Brasil será o ponto de partida para um novo século na economia mundial.

Um consórcio confiável, que comportará algumas estatais dos outros, terá condições de arrematar o Estado com um ágio que provocará orgasmos nos corretores de praxe. Dinheiro não será problema, pois o próprio governo emprestará a juros camaradas o dinheiro necessário.

Evidente, também, que o preço será de banana – para fazer um contraponto com o penico. Será uma operação meio tropicalista, que merecerá um hino do Caetano ou do Gil.

4/8/98

A era do consenso

São centenas de relatos, documentários, livros e filmes mostrando uma das fases mais consensuais da história contemporânea. De 1933 a 1942, o nazismo possibilitou à Alemanha uma era de ouro em que tudo parecia dar certo.

A sociedade alemã daquele tempo, se respondesse a uma pesquisa do Ibope, daria uma aprovação em torno de 95% ao governo que livrara o país da inflação mais dramática deste século, governo que impunha respeito à comunidade internacional.

Somente os maus alemães, os fracassomaníacos, os vagabundos podiam reclamar de tanto progresso, de tão excelentes resultados. De cabo na Primeira Guerra Mundial, Hitler transformara-se no estadista mais bem-sucedido e temido do mundo.

Apesar de tudo, havia maus alemães, fracassomaníacos e vagabundos que não gostavam dele e não achavam que a Alemanha era o país ideal. Gente como Freud, Thomas Mann, Einstein, para citar os mais conhecidos, tiraram o time de campo. Nem sabiam, exatamente, o que se passava nas entranhas do regime, mas não apreciavam aquele coro de louvores ao genial estadista nem queriam participar daquele consenso trágico que terminou como todos sabemos.

Freud e Einstein estavam entre os vagabundos judeus, sentiam na carne o crescimento da vaga anti-semita. Thomas Mann era cristão, mas se enojava de ver a Alemanha de Goethe, de Schiller, de Beethoven repetindo o coro laudatório a tanta mediocridade que mais tarde se transformaria em monstruosidade.

No Brasil, nos primeiros anos do regime militar, esboçou-se um consenso parecido. Forma-se agora um consenso em torno da necessidade de reeleger o atual presidente. Montanhas de dinheiro e de interesses anestesiaram a mídia, lubrificaram o empresariado e calaram resistências.

Por desconfiança nessa maioria formada em torno de FHC, continuo achando que alguma coisa está errada com o Brasil. E não se trata nem da filha da Xuxa nem da convulsão do Ronaldinho[18].

5/8/98

O truque da madrasta

Considero genial o truque usado pelo governo de FHC para diminuir o desemprego. Mês a mês, sobretudo nesta fase eleitoral, são anunciadas medidas redentoras que só poderiam sair dos tecnocratas geridos por um intelectual acaciano.

Essas medidas são simples: reduzem-se os salários, os direitos sociais, a garantia de horas de trabalho, das férias, do repouso remunerado. Com menos ou sem nenhum encargo, o empresariado (e o próprio governo, que é o empresário dos empresários) ficaria aliviado e poderia absorver maior número de trabalhadores.

É a consagração dos bóias-frias. Da mão-de-obra gradativamente mais barata, até se tornar escrava. Não haverá desemprego, todos terão o que fazer, ainda que nada recebam como salário – a besta negra dos empregadores e do governo.

A mecânica é simples: em vez de uma secretária, contrato três que se revezarão na mesa ao lado. Juntas, dividirão o mesmo salário da primeira. Haverá duas desempregadas a menos no mercado de trabalho. E minha folha de pagamento não terá aumento. Brilhante mesmo.

Com truques assim não é difícil prometer os 7 milhões de empregos para o próximo governo, que ameaça ser o mesmo que já conhecemos. Governo que nasceu de promessas não realizadas e de feitos não anunciados, fazendo do Brasil uma terra boa para a farra dos outros.

FHC teve quatro anos para exercer o ideário que defendeu ao longo da vida e que o elegeu. Traiu seu passado na ânsia de poder que o caracteriza. Fez e continua fazendo qualquer negociação que lhe dê poder maior e mais longo. Sabe onde buscar a fonte desse poder: com dinheiro sobrando ele pretende mais uma vez enganar o eleitorado. Tem cúmplices bastantes e bem situados que o ajudarão nessa mistificação continuada que será repetida.

Quem paga o preço dessa cumplicidade nem é ele. É toda a nação, cada vez mais endividada, cada vez mais madrasta para um número maior de brasileiros.

12/8/98

Por causa do Sacadura

Seu Werner foi o primeiro corno que conheci. Era um suíço e um pleonasmo, pois usava suíças, aquela barba que rodeia o rosto todo como um anel. Sua cara daria excelente efígie para um selo postal. Era casado com uma morena rechonchuda, vagamente baiana, que o traía às escâncaras com um tal de Sacadura, famoso apanhador de passarinhos e balões no Lins de Vasconcelos.

Ele tinha um armazém, bem-apanhado por sinal. Era o mais caro do bairro, o pai, quando se referia a ele, dizia que era um ladrão. Pois um dia seu Werner ficou sabendo que era passado para trás, uns diziam que por carta anônima assinada por um certo "amigo fiel", outros garantiam que houvera flagrante – detalhes escabrosos correram para pasmo geral.

Pasmo que foi ampliado quando o armazém dele começou a vender barato e a preço único. Tanto fazia comprar um quilo de farinha ou uma lata de sardinhas portuguesas: tudo custava um preço mínimo. Foi a primeira liquidação a que assisti, e a mais feroz. Em dois, três dias, o armazém ficou vazio.

Lembro a manhã em que ele, fechado o armazém por falta do que vender, deu um tiro nos miolos. Não ouvi o tiro, mas volta e meia, em minhas noites de insônia, ouço aquele tiro. E penso no Sacadura, que mais tarde veio a ser balconista na loja "Barcelos dos Parafusos". Hoje, ninguém mais se chama Sacadura. Por quê?

Bem, toda vez que anunciam uma liquidação, uma venda colossal de tudo, penso também no suíço e nas suas suíças. Daí que venho pensando nele com certa freqüência, neste tempo de privatizações em que estamos vendendo tudo por preço vil e problemático serviço.

No caso de seu Werner, houve a peçonha do Sacadura, a prevaricação da mulher vagamente baiana. No caso do Brasil, fica difícil considerá-lo um corno, mas tudo é possível. Que amargura tamanha, que vergonha tal e tanta estão fazendo a gente fechar o armazém? Agora, uma coisa é certa: não faltam Sacaduras na praça.

13/8/98

Motivo de horror

Não alisto entre os meus melhores momentos cívicos a temporada eleitoral. É como a velhice, que a gente só aceita por causa da alternativa. Mas o horror que a ditadura me inspira é equivalente à repugnância pelo processo das eleições, como um todo.

Cada vez que um amigo me declara que será candidato a alguma coisa, fico não apenas constrangido, mas alarmado. Não foi inventado, ainda, um outro processo de ouvir a voz do povo. Criou-se então esse vale-tudo que embrutece o noticiário, avilta o bom gosto e termina quase sempre na vitória do mais mentiroso, do candidato que se revela com menos escrúpulo.

Que eu me lembre, só emplaquei um voto numa vida perturbada por mais de 30 eleições. Votei no Ary Barroso para vereador aqui do Rio, e ele foi eleito. Por sinal, foi um bom vereador. Carlos Lacerda, que também era vereador, queria que o estádio para a Copa do Mundo de 1950 fosse construído em Jacarepaguá. Liderando nesse episódio a célebre bancada de dezoito vereadores comunistas, Ary venceu a batalha, e tivemos o Maracanã.

Fora disso, todos os candidatos em que votei foram derrotados – o que mostra minha incompatibilidade com o processo. Não acredito que a voz do povo seja a voz de Deus. O estilo de Deus é imperial, criou o homem sem consultar ninguém e criou a mulher sem consultar o homem. Um ditador emblemático – para usar palavra em moda.

Folheio os jornais com tédio nestes tempos eleitorais. O grosso do noticiário é dedicado à baixaria – não aprecio o candidato FHC nem o presidente homônimo, mas fico triste com as imagens dele cabalando votos. Nem a mulher do candidato escapa, entra também na dança.

Não tivesse mil motivos para ser contra a reeleição, bastaria este: o de não ver o pretenso primeiro magistrado da nação mergulhado numa espécie de jogo do bicho viciado em que sempre morrem as esperanças de um povo por uma vida melhor.

15/8/98

O antigaroto de Ipanema

Nada a ver com o outro garoto, o que anda aqui pelo Rio e está liderando as pesquisas para governador do Estado. Penso no equivalente da garota de Ipanema, transpondo-a para Brasília. Todos conhecem a história. Vinícius de Moraes e Tom Jobim estavam bebendo no Veloso e reclamando de um concurso de beleza realizado na véspera.

As candidatas eram bonitas, padronizadas, bem produzidas. Mas todas juntas e multiplicadas não valiam o dedo do pé de qualquer garota de Ipanema que estivesse indo para a praia naquele momento.

E, justo naquele momento, passou uma garota indo para a praia, cheia de graça. Estava criado não apenas o maior sucesso da bossa nova, mas um novo logotipo para o Rio e para o padrão de beleza nacional.

Quando há eleições, seja para misses, seja para presidente da República, penso sempre nessa história de Tom e Vinícius. Eles estavam certíssimos. Pelo Brasil afora – e não apenas em Ipanema –, existem garotas que dão de mil nessas candidatas oficiais que desfilam com maiôs cafonas.

A ilação é óbvia: os candidatos oficiais à Presidência, aos governos estaduais, às prefeituras e às Casas do Legislativo são exatamente os clones dessas candidatas a misses que se produzem para ganhar naquilo que os promotores do concurso chamam de "passarela da beleza".

Na passarela do poder, os caras que se apresentam repetem a mesma cafonice, o mesmo mau gosto, a mesma cara chapada dessas moças que pretendem o cetro da beleza mundial.

Enquanto isso, no anonimato de cada manhã, as garotas de Ipanema, com seu jeitinho cheio de graça, com seu doce balançar, provam que tudo podia ser melhor para o Brasil e para cada um de nós.

O eleitorado está pronto para reeleger uma antigarota de Ipanema. Um candidato arquiproduzido pelo mau gosto da politicalha mais cafona. Pensarei nisso quando o presidente do TSE colocar a faixa no vitorioso – tal como nos concursos de misses.

17/8/98

1998: O SERVO DO PODER 121

Collor e FHC

Como os verbos e os pederastas, os presidentes da República podem ser divididos em ativos e passivos. Incluo entre os ativos: Floriano, Bernardes, JK, Geisel e Collor. Entre os passivos: Deodoro, Washington Luiz, Dutra, Jango, Figueiredo e FHC. (Vargas é caso à parte.)

Fiquemos nos dois mais recentes. Collor foi dos mais ativos. Deu régua e compasso às elites brasileiras. Desde a gravata ao uísque, passando pelo *cooper* e pelos *slogans* gravados em camisetas, foi um Petrônio Árbitro dos entendidos.

Tão ativo que quis enriquecer depressa, conjugou na voz ativa um esquema de corrupção que mobilizou as elites. No outro lado da corda, foi ativo em iniciar o desmanche de uma mentalidade isolacionista que, entre outras coisas, produzia carroças na indústria automobilística.

FHC é o mais passivo de todos. Será reeleito com 60%, 70%, 80% de votos porque soube administrar em proveito próprio os mananciais subterrâneos que formam o poder. Como presidente, não conduz. É conduzido pelo vento que sopra mais forte.

Não chega a ser um ditador formal (o poder verdadeiro não aprecia ditadores que lhe fazem concorrência). Necessitado do sufrágio popular, criaram para ele um clone do desgastado cabo eleitoral de antigamente: o real. Evidente que o poder aceitou a barganha: não custa manter uma moeda artificial, desde que ela dê tranqüilidade ao gigantesco cassino neoliberal.

Nos tempos coloniais, a casa-grande garantia a cesta básica da senzala: era um caldeirão com mandioca, farinha, feijão, abóbora e um pouco de charque. Mantinha a mão-de-obra em pé e conformada. Havia o pelourinho para impor o medo, como hoje há o desemprego.

Daí que compreendo o seu discurso de candidato: homem de confiança do verdadeiro poder (que é anônimo e protegido pelo sigilo bancário), ele reconhece que não fez o que queria porque se fizesse poderia ter o destino de Collor.

30/8/98

Delenda Vargas

O neoliberalismo do atual esquema de poder está fazendo o Brasil regredir ao estágio pré-Revolução de 30. Era então um país feudal, dominado por oligarquias regionais que se mantinham em cumplicidade com aquilo que o Jânio Quadros chamava de "apetites" internacionais.

Com a crise de 1929 na Bolsa de Nova York, ficamos sem nada para vender ou trocar. A Revolução de 30, fruto direto do nó internacional, obrigou Vargas a pensar na industrialização e na modernização da sociedade.

Criou o voto secreto, estendendo-o às mulheres (bem verdade que aboliu o voto durante anos). Mas a instituição ficou. Copiou e adaptou a legislação do trabalho fabricada pelo socialista Mussolini (mais tarde ditador fascista). Absorveu o operariado na sociedade habituada a considerar o trabalho como servo do capital.

Nada demais que ele seja a besta negra dos neoliberais, com FHC à frente. Vargas é o emblema de um Brasil que abriu um caminho próprio (embora lento) para chegar lá. As elites tinham pressa e o combateram, tanto e tão histericamente, que o levaram ao suicídio.

A morte de Vargas não impediu que o processo inaugurado por ele continuasse, lento, com idas e vindas, mas com uma curva ascensional que colocou o Brasil numa situação emergente, na plataforma de lançamento para vôo mais alto.

Nostálgicas do Brasil antigo, as elites sentiram a necessidade de torpedear esse legado. Afinal, na Velha República importava-se até gelo para os sorvetes das festas mais incrementadas. A aliança com os especuladores internacionais era assombrosa: nos engenhos do Nordeste, havia pianos Pleyel, lustres de Murano, cristais de bacarat.

Com Vargas, o dinheiro do piano e dos cristais tinha de ser guardado para pagar encargos sociais. Daí a necessidade do "*delenda* Vargas". Regredindo ao estágio colonial, as elites nem perceberam que a história está se repetindo como farsa.

31/8/98

Custo e benefício

Leio na coluna do Marcito (Márcio Moreira Alves), em *O Globo*, que o Brasil ocupará uma posição inédita na economia mundial: será o primeiro país a gastar tudo o que arrecada, em impostos e outros tributos, no pagamento dos juros de sua dívida. Em menos de quatro anos – período do governo de FHC –, a dívida interna de US$ 60 bilhões passou para mais de US$ 300 bilhões.

No passado, tivemos dívidas também elevadas. Desde o advento da corte de dom João VI vivemos de pires na mão, com momentos ruins e piores em nossa contabilidade pública.

Mas havia alguma relação entre o custo e o benefício da dívida: saímos do estágio colonial para a independência e, mais tarde, para a República. Fiquemos em dois exemplos recentes e antagônicos: Brasília e Itaipu.

Podemos discutir indefinidamente se foram investimentos necessários ou não, se foram bem ou mal administrados. O benefício indiscutível foi que geraram empregos, criaram alguma tecnologia, movimentaram a roda econômica e aí estão. Não chegam a ser ruínas, acho até que estão longe disso.

O atual endividamento é sobre o nada. Serviu apenas para garantir um plano econômico que funciona como cabo eleitoral onímodo, de custo caríssimo, mas que entronizou no poder um grupo de políticos empoados e empostados que entregaram o poder econômico a guarda-livros.

As prioridades desse grupo que se julga inteligente porque fala sempre "algo em torno de" condenaram o social como demagógico e antieconômico. Daí que os juros da dívida absorverão, em brevíssimo tempo, tudo o que deveria estar sendo gasto nas promessas óbvias que elegeram FHC, expressas na mão espalmada que os marqueteiros criaram para ele.

Os cortes no Orçamento, as reformas na Constituição, as privatizações – nunca pagamos tamanho custo para tanto benefício dos outros. Nunca um grupo no poder conseguiu tanto para tamanho mal.

24/9/98

1998: O servo do poder   125

Discurso presidencial

Conclamo o povo brasileiro em todos os seus segmentos, pobres e ricos, negros e brancos, doentes e sãos, sem distinções de raça e credo, brasileiros de todos os quadrantes do território nacional, cidadãos deste nobre e generoso país, a cerrarem fileiras em torno do nosso esforço em demonstrar que a soma dos quadrados dos catetos é igual ao quadrado da hipotenusa inteira!

Não podemos mais, um só minuto, duvidar que a Terra gira e a Lusitana roda, que o todo é maior do que a parte e que de grão em grão a galinha enche o papo! Somente os derrotistas, os fracassomaníacos, os maus brasileiros contestarão o trabalho de meu governo em demonstrar que $E = mc^2$ – fórmula bolada, após exaustivas pesquisas e noites insones, pela minha equipe econômica.

Tremam os aproveitadores de nossas eventuais dificuldades internas e externas! Desde os primeiros dias do meu governo venho declarando, de coração limpo e peito aberto, que é porcaria cuspir no chão e que não se deve pisar na grama. Tampouco, um cidadão cônscio de seus deveres não deverá chorar sobre o leite derramado nem despir um santo para vestir o outro!

A nação é testemunha de meu diurno e noturno trabalho em advertir os derrotistas que insistem em negar a evidência de que a água é um composto de duas partes de hidrogênio e uma de oxigênio. O que querem, afinal, esses contestadores? Nunca o país caminhou tão bem, com tamanha transparência e objetividade na direção de seus altos destinos!

Não podemos cruzar os braços diante dos desafios que se erguem à nossa frente! Tomarei enérgicas medidas contra aqueles que, por motivos certamente escusos, tramam na sombra contra o objetivo maior do meu governo, qual seja, o bom cabrito não berra e em terra de cego o rei nem precisa ter olho.

26/9/98

Cena de romance russo

O mujique Iliúcha Baractin chegou em casa, colocou em cima da mesa dois enormes sacos que trouxera da feira de Munks, perto da fronteira da Lapônia. Chamou mulher e filhos, mostrou os mantimentos comprados e um punhal que era quase do tamanho de um sabre. E avisou: "A mámuscha Tanja Tanjaniovicht Baractin reclama todos os dias que não há comida no armário. A nossa mãezinha tem razão. Vocês são esfomeados e comem tudo que trago da feira. Decidi acabar com o problema. Comprei mantimentos e vou guardá-los na despensa. Ai daquele que se atrever a tirar alguma coisa para comer! Assim, nossa casa estará sempre provida, e a nossa mámuscha não mais reclamará de seu marido!".

Aliocha, o filho mais velho, enfrentou o pai: "Mas nós vamos morrer de fome!". O pápuscha Iliúcha deu de ombros: "Isso é problema de vocês! O meu problema está resolvido, não faltará mais comida nesta casa, e a mámuscha não vai reclamar de mim, dizendo que gasto tudo com vodka e arenques defumados!".

Essa cena de romance russo equivale ao ditado do banho do bebê, que vai para o ralo junto com a água suja. E se aplica com exatidão ao que está sendo divulgado pelos indicadores econômicos: a inflação no Brasil cairá abaixo de zero.

As causas são parecidas com a história do pápuscha Baractin (parece nome de remédio, mas é mesmo de personagem russo): a crise que atravessamos é tão radical que ninguém está comprando nada, obrigando o comércio a aviltar os preços e a encomendar menos à indústria.

Ninguém está ganhando nada. Ou melhor, há uma turma que ganha – e muito. São os corretores da especulação que corre desenfreada nos negócios do Estado. No mais, a despensa está provida, mas a miséria ronda cada vez mais um número maior de casas brasileiras.

28/9/98

Non hunc, sed Barabbam

Vou mesmo de latim para comentar a vitória de FHC no domingo. Lendo os jornais nos últimos dias, previ que ele teria 80% dos votos. Acho que os esforçados panfletários a favor exageraram um pouco. Afinal, diante de todas as excelências e boas intenções do candidato à reeleição, os 50 e poucos por cento que obteve nas urnas não lhe fizeram justiça.

Volto ao título. Creio que a primeira eleição historicizada foi aquela promovida por Pilatos, que desejava livrar a cara de Jesus e o colocou em confronto com Barrabás, um assassino que estava para ser crucificado. Era costume libertar um condenado por ocasião da Páscoa judaica.

O raciocínio de Pilatos foi um voto de confiança na sabedoria do povo: entre um assassino e um profeta cujo crime era anunciar o Reino da Verdade, a plebe rude salvaria o profeta e condenaria o criminoso.

Ledo e ivo engano! Não havia TV, cientistas políticos e institutos de pesquisa para influir na vontade popular. Pilatos exibiu o profeta exangue, nem precisou mostrar o adversário, todos sabiam que Barrabás não prestava mesmo, sua fama de maus bofes era conhecida na Galiléia, na Samaria, até mesmo nas vizinhanças de Qunram.

Prometeu que libertaria o escolhido pela vontade soberana das urnas – que eram de boca e ao vivo.

Estupefacto, o procurador romano ouviu o que não esperava: *Non hunc, sed Barabbam!* (Não este, mas Barrabás!). Foi aí que Pilatos lavou as mãos. Não era mais com ele.

Sabemos como tudo terminou: Jesus seguiu para o Calvário, Barrabás deu no pé e nunca mais se soube dele. Ficou sendo, apesar de tudo, o primeiro a ser salvo, literalmente, pelo Salvador.

Costumo invocar situações-limite para tentar definir o que penso. O Brasil tem alguma coisa a ver com aquele trapo de homem coberto de sangue, flagelado e coroado de espinhos. Nem o FMI nem o G-7 dariam um centavo por ele. Resta saber para onde o Barrabás fugirá quando chegar a hora.

6/10/98

Barrabás, outra vez

Aloísio Falcão é aquilo que antigamente podia ser chamado de "amigo de longa data". Quando publiquei o primeiro livro, foi dele a primeira carta que recebi. Asneiras que cometi vida afora tiveram nele uma desculpa e, às vezes, uma surpreendente avaliação: o que era besteira tornava-se profecia que a história um dia provaria.

Pois ontem ele achou que eu exagerara ao comparar FHC com Barrabás e Lula com Jesus Cristo. Por Júpiter! Acho que nem ele me entendeu.

Continuo achando que FHC tem muito a ver com Barrabás. Mas o Jesus Cristo de minha crônica de ontem não é Lula, que aliás se parece com um Barrabás existente numa igrejinha de Lucca, a dois passos da casa onde nasceu Puccini.

É um quadro atribuído a um pintor da escola de Siena (que é perto). Mostra um Barrabás barbudo, espantado de ser salvo por um cara que mais tarde seria chamado de Salvador do gênero humano. Coisas.

O Cristo flagelado, exangue, coroado de espinhos, que foi condenado pelo povo diante de Pilatos, é o próprio povo. Temendo o ruim, escolheu o pior. Nunca houve um governo com desempenho tão nefasto como o atual. Fez o Brasil recuar à era colonial com a vantagem de não importar escravos porque criou mão-de-obra mais barata com o produto nacional – que somos todos nós.

Arrebentou com o sistema de saúde, aviltou a educação, vendeu o que não podia nem devia, subornou congressistas para obter a reeleição, montou um poderoso esquema de apoio nas elites – e vai despejar o Brasil num futuro que será igual ao nosso passado, dependente das tesourinhas vindas da Alemanha e das privadas com o consagrador *made in England*.

Bem, o telefonema do meu amigo Falcão mostrou que não fui entendido. Não vou chorar por causa disso: já estou habituado. Numa hora em que o país vai para trás, eu me iludo achando que vou em frente.

7/10/98

Negação do Executivo

Falece-me saco (perdoem a expressão quinhentista) para ler ou ouvir as arengas presidenciais. São previsíveis na forma e no conteúdo. Ele varia o discurso de acordo com o auditório e a circunstância, daí que não pode ser levado a sério.

O que interessa nunca é dito, fica para as conversas com as pessoas que ele julga certas e que, realmente, estão dando certo ao menos para ele.

FHC nunca deixou de ser um homem do Parlamento, etimologicamente, do "lugar onde se fala". Nele, a função executiva é tênue. E ele a despreza. Seu primeiro governo, embora ameaçasse alguns babados executivos (saúde, educação, emprego etc.), foi marcado pelas reformas, por aquilo que os entendidos chamam de "novo desenho do Estado".

A mais importante dessas reformas foi aquela que o beneficiou nominal e funcionalmente. A divisão de dois poderes (Executivo e Legislativo) ficou manca neste primeiro período e ameaça inexistir no próximo. Falta o Executivo prosaico que meta a mão na massa.

Aquele que seria por definição o executante na prática é um líder tamanho-família das bancadas, passa a maior parte de seu tempo armando maiorias, distribuindo favores, atendendo a reivindicações. Um pajé parlamentar, hábil em ouvir, eficiente em prometer.

Quando iniciou o primeiro mandato, FHC ameaçou imitar JK com um programa de metas. Acontece que as metas de JK (que bem ou mal, com ou sem oportunidade, foram cumpridas) eram qualificadas e quantificadas: tantos quilômetros de estrada, tantos barris de petróleo, tantas toneladas de aço etc.

Em cinco anos, JK mudou a cara do Brasil. Rompeu com o FMI e fez o país crescer. O povo descobriu o otimismo. Foi uma era que agora estão chamando de "anos dourados".

JK era mau parlamentar. Perdia quase todas. Não conseguiu fazer seu sucessor. Foi realmente um chefe executivo e não o rotineiro e catimbado líder da maioria que FHC está sendo.

10/10/98

1998: O SERVO DO PODER 131

O bei de Túnis

Semana passada, rolaram no "Painel do Leitor" (seção de cartas do jornal) algumas cartas contra e a favor de minhas críticas ao presidente da República. Devido ao respeito pela opinião alheia, não costumo responder a esse tipo de comentário, seja ou não favorável àquilo que Machado de Assis dizia ser "poeira de idéias". No caso, as empoeiradas idéias que cultivo e mantenho.

Tanto na carta que me criticou como nas duas que me defenderam, há referências ao ódio que nutro contra o atual ocupante do Alvorada. Lamento ter dado essa impressão. Falo mal dele, sempre o critico, mas é apenas no momento em que ligo o computador e a telinha prateada me convoca para mais uma crônica.

É fácil desancar um presidente como ele está sendo. Lembro o Eça de Queiroz que quando não tinha assunto esculhambava o bei de Túnis – que nada fazia de bom ou de mau, era apenas um assunto.

Desligado o micro, apagada a telinha, vou tratar de minha vida – que tem seus altos e baixos e nada a ver com a nação brasileira. Há coisas bem mais interessantes para cuidar.

Não gasto tempo em pensar na política, nas misérias de nossa vida pública. Confundo nomes, partidos e siglas. O dia em que FHC deixar de ser presidente, se houver consenso e oportunidade, eu até toparia manter relações amistosas com ele, como hoje mantenho com Sarney e Itamar, dois presidentes que critiquei quando estavam no mesmo lugar.

Falei acima no bei de Túnis. O Eça inventava o assunto. Eu não preciso inventar nada. Basta pegar qualquer jornal, ler uma linha de qualquer seção e ali encontro motivo para desancar o presidente. Feito o que, esqueço e vou em frente.

Um cara que se esbofa para ocupar o poder merece ser cobrado, criticado e até mesmo, em certas ocasiões, desprezado. Mas nunca odiado, a menos que seja um assassino ensandecido, como Hitler. Taí: falei mais uma vez em Hitler. Gosto de comparações no limite. Elas simplificam a coisa e aí posso desligar a telinha.

13/10/98

O labirinto de Glauber

Outro dia, nem sei por que, lembrei-me de Glauber Rocha e de sua complicada ortografia. Deu-se que escrevi uma palavra de forma tão estranha que parecia coisa do próprio Glauber. Acionei o corretor do *notebook* e descobri que a grafia era mais simples, embora menos expressiva.

Daí que geralmente discordo das formas corretas de se fazer as coisas. Para dar uma amostra do estilo de Glauber, cito um texto dele, de 1974.

"No Brasil, o gancho do Pentágono é o Centro Brasileiro de Análise e Planejamento (Cebrap), que funciona em São Paulo. Quando eu filmar a Odysseya convidarei o professor Fernando Henrique Cardoso para o papel de sedutor, embora não saiba se o Pryncype topa contracenar nu com Ariadne no Labirinto do Cebrap. O professor Fernando Henrique Cardoso disse que não era assoprador de novidades nos ouvidos do pryncype. Claro: o Pryncype é ele, assim o batizey no Peru em presença do magnyfico Darcy Ribeiro. Uma tese que o Cebrap não aceita e por isso não consigo me entender com Pryncype: a revolução de 64 começou na Guerra do Paraguai. Fernando Henrique Cardoso é apenas um neocapitalista, um kennediano, um entreguista."

O curioso é que Glauber não escreve "kennedyano", quando seria natural apelar para a grafia original do nome, que é Kennedy. De forma que não se deve concluir apressadamente: a ortografia glauberiana não é coerente como a de Policarpo Quaresma, o herói de Lima Barreto que desejava um retorno ao tupi-guarani como língua oficial do Brasil.

Depois de ter criado uma nova ordem para o cinema, desprezando as convenções de câmera, luz e ação, Glauber iniciou o processo de demolição do idioma. Não foi por aí que ele se tornou notável. Tinha uma visão telescópica que via longe. Não chegou a ser um profeta, baiano não dá para o ofício. Mas muita coisa do que dizia e previa está acontecendo.

24/10/98

Afinal, quem foi eleito?

Na Velha República, sepultada pela Revolução de 30, as eleições eram ilegítimas, mas a representação delas resultante era legítima. A constatação é de Gilberto Amado, que foi uma espécie de ancestral do Nelson Rodrigues e do Otto Lara Resende na mania de fazer frases geniais. Passou de moda, mas isso não diminui seu mérito. Azar da moda.

Os mais jovens não sabem como eram feitas as eleições. Tudo era macetado, a pecúnia e a porrada corriam soltas, caciques e coronéis nomeavam os representantes do povo. Apesar de tudo, o pessoal que saía dessa bacanal cívica era responsável, tendia a ser honesto — admitidas as exceções de praxe.

No aspecto formal, as eleições que agora tivemos foram legítimas, com apuração eletrônica e severa fiscalização da mídia. Uma ou outra mutreta não empanam a legitimidade da última manifestação das urnas.

Duvida-se, contudo, da representatividade de grande parte ou da maioria dos eleitos. A reeleição votada para beneficiar os atuais governantes, antes de mais nada, é uma fratura na legitimidade democrática.

Não tenho paciência nem curiosidade para examinar caso por caso, limito-me ao eleito principal, que é o presidente da República, o mais visível beneficiário da reeleição que ele próprio arrancou do Congresso usando meios ilegítimos, como o suborno e a compra de votos.

Elegemos quem, afinal de contas? Um oportunista profissional que flutua no espectro político para exercer o poder nominal, deixando o poder de fato às circunstâncias da economia mundial, que está remetendo o Brasil ao estágio de colônia. Não de uma metrópole geograficamente definida, mas de um grupo de guarda-livros interessado em garantir a "ordem" na economia internacional, ou seja, que os países ricos fiquem mais ricos e os países pobres mais pobres.

Para elegermos um presidente desse porte, não precisaríamos de eleições. Bastaria o FMI mandar para cá um contínuo bilíngüe.

3/11/98

Prêmio e castigo

Comentei, outro dia, o tratamento diferenciado que a mídia dedicou a dois fatos análogos: os telefonemas grampeados do ministro das Comunicações e do presidente do BNDES; e a mesmíssima coisa envolvendo deputados estaduais do Rio[19].

O grampo foi rigorosamente igual. Os arapongas que o praticaram até podiam ser os mesmos. Fato sem dúvida condenável, que merece repúdio e exige punição.

No entanto a mídia continuou batendo forte no caso dos deputados fluminenses, e tanto bateu que a Assembléia Legislativa, pressionada, não teve outro remédio senão cassar o principal envolvido no caso da privatização de uma estatal.

Já no plano federal, a mídia continua enlanguescida pelo poder que jorra do governo. Tudo é desculpável, tudo é boa gente, gente brilhante, como o presidente da República, que sabe dizer em quatro línguas as obviedades que arrepiam a espinha do conselheiro Acácio.

Os dois casos – o federal e o estadual – ocorreram quase ao mesmo tempo. A mídia, como um todo, foi relegando o noticiário do escândalo federal para as páginas internas, as notinhas escondidas e redigidas com cautela para não ferir ninguém. Daí que o leitor médio já nem lembra que houve favorecimento no leilão das teles. E que as comissões de praxe já estão pagas e protegidas nos paraísos fiscais.

No caso estadual, quando o jabá não ultrapassou míseros R$ 70 mil por cabeça, pelo menos o deputado que serviu de testa-de-ferro dos interessados está com o mandato cassado, podendo inclusive ser processado criminalmente.

Pudera: o escândalo da privatização dos esgotos do Rio estourou em páginas inteiras, em páginas duplas dos principais veículos de comunicação. Evidente que, em casos assim, a opinião pública, uma vez bem informada, sabe cobrar o castigo. Anestesiada em outros casos, ela nem percebe que mais uma vez o crime foi recompensado.

20/12/98

1999
Cinzas de Vila Rica

Balanço do governo

FHC multiplicou por cinco a dívida pública. Aumentou o déficit fiscal, bagunçou como nunca ninguém antes bagunçara o balanço de pagamentos. Produziu em massa o desemprego, mesmo dispensando a brilhante ajuda do Mendonça de Barros, que desejava um Ministério da Produção para esse fim.

Quebrou empresas e colocou grande parte do parque industrial a caminho da quebradeira total. Foi reeleito na base de uma colossal mistificação, à custa de uma cesta básica garantida por um real cenográfico e do apoio ostensivo e quase delirante das elites empresariais, que estão satisfeitas com o desmantelamento dos sindicatos e das greves.

Pior mesmo, em face do julgamento que a história dele fará, foi a venda das estatais, em bases duvidosas quanto à probidade dos leilões e inútil quanto aos resultados: o anunciado lucro foi sorvido pelos juros, não deu sequer para amortizar o débito principal.

Com isso, agradou aos investidores daqui e de lá. Agradou sobretudo aos corretores que ocupavam posições-chave na hora dos leilões. Os maus brasileiros que grampearam os telefones do BNDES merecem a execração pedida pelos prejudicados, mas simplesmente não revelaram nenhuma novidade.

Esse é o balanço do governo de FHC que sinto de minha obrigação fazer na primeira semana de seu novo mandato. Não se trata de uma opinião, mas de fatos concretos que todos sabemos. Deles eu poderia tirar a opinião, que realmente tiro e que os leitores (se os há) poderão adivinhar.

Mas os fatos são fatais. O que não chega a ser fatalidade é o *chantilly* da personalidade acaciana do presidente. Esta é mesmo aleatória. Basta citar uma frase sua, de quatro anos atrás: "Vamos fazer da solidariedade a mola de um grande sentimento para varrer do mapa do Brasil a fome e a miséria". O conselheiro Acácio não faria melhor.

3/1/1999

Crise de poder

Atribuo a dúvida aos neurônios castigados pela vida, pelo excesso de complicações e fadigas. Mas li não sei onde que, durante a campanha de Napoleão na Itália, o equivalente ao banco central da época fez as contas e achou que a França gastava muito com as tropas, pediu que ele voltasse, pois as finanças do país estavam exauridas. E os banqueiros particulares, que pagavam parte da fatura, queriam receber o que era deles, com os juros de praxe.

Acho que Stendhal fala sobre isso, mas o autor de *Le Rouge et le Noir* era mentiroso, inventava tudo, não é fonte histórica, embora seja um dos melhores mananciais para saber como se faz literatura e arte.

Lembrei isso porque a resposta de Napoleão para os banqueiros foi um palavrão, o mesmo que outro general francês pronunciou após uma derrota. A diferença é que Napoleão estava em vésperas de Marengo, que muitos até hoje consideram sua maior façanha.

Felizmente, o governo brasileiro ainda não chegou ao interessante estágio de hospício, em que abundam napoleões andando pelos corredores com a mão na barriga e dando ordens para a cavalaria atacar e a artilharia disparar. Mas está perto disso.

A prioridade que FHC deu àquilo que o governo arrota como "credibilidade internacional" acabou nisso que aí está: estamos sem credibilidade e sem desenvolvimento.

Sei que não foi Stendhal o autor da frase muito repetida e cujo teor vai de memória mesmo: pode-se enganar alguns durante todo o tempo; pode-se enganar a todos durante algum tempo; mas não se pode enganar todo mundo durante todo o tempo.

O governo de FHC dá sinais de ingovernabilidade – leio isso cada vez mais nos editoriais da mídia. Bichado politicamente, com suspeitas de corrupção até aqui não investigadas, a crise de agora está longe de ser apenas econômico-financeira. É uma crise de poder.

17/1/1999

Cinzas de Vila Rica

Houve um tempo em que o Brasil dependia de Portugal. Não havia ainda o FMI, mas as autoridades coloniais zelavam pelos interesses da metrópole e pela tranqüilidade do mercado mundial.

Vila Rica, mais tarde Ouro Preto, era o burgo mais florescente do Brasil. Enchia de ouro as burras de Portugal e da Inglaterra. Não bastando, era esfolada por impostos truculentos.

Foi então que Filipe dos Santos liderou uma revolta. Declarou que não pagaria os quintos – acho que chamavam o imposto de quinto, não tenho certeza. E armou a resistência. As autoridades globalizadas, que incluíam portugueses e brasileiros, que se sentiam bem esquentando as mãos na lareira dos dominadores, decidiram acabar com aquela vergonha fiscal.

Incendiaram a cidade, da qual restaram até hoje alguns tocos enegrecidos. As cinzas foram levadas pelo vento. Chacinaram dezenas de "maus pagadores". Filipe dos Santos foi amarrado pelos pés e pelas mãos a quatro cavalos e assim esquartejado. Portugueses e brasileiros se rejubilaram, houve *te deum* na corte, o Brasil continuou sendo levado a sério: pagava em dia o que devia e não devia ao colonizador.

Anos depois, na mesma Vila Rica, alguns intelectuais e um alferes tentaram mais uma vez libertar a colônia. Um deles foi enforcado, seu corpo também esquartejado, os demais exilados e presos, exceto um, que se enforcou na Casa dos Contos.

Todos os que estavam do lado errado são heróis nacionais. Do lado certo, acho que apenas dois nomes ficaram: Dona Maria, a Louca, que seria o Michel Camdessus[20] da época, e Joaquim Silvério dos Reis, que seria uma porção de gente agora espalhada pelo governo, pelas finanças e pela imprensa.

Não pretendo ensinar história a ninguém. Acho até que eu devo ser ensinado. Numa Quarta-Feira de Cinzas, como a de hoje, apenas lembrei a cidade reduzida a cinzas pela ganância dos de fora e pela cumplicidade dos de dentro.

17/2/1999

Mercado & mercado

Durante quatro anos e alguns quebrados, ouvimos o governo e os economistas neoliberais exaltarem o mercado como o novo Deus cuja sabedoria e justiça deveriam reger o universo.

Somente dinossauros e bobos não conseguiam alcançar a maravilhosa engenharia desse novo Jeová que dividiria a luz das trevas.

Acontece que o mesmo governo e os mesmíssimos economistas são agora os críticos mais severos do mercado que faz o dólar subir, os preços inflarem, as rendas da União, Estados e municípios caírem.

Mudou o mercado ou mudaram governo e neoliberais de todos os tamanhos, feitos e intenções? O dólar estava subvalorizado, agora está supervalorizado. Os preços não podem subir – garantem o presidente da República e seus ministros –, mas sobem. E ameaçam subir mais.

Todos os dias ouvimos e lemos declarações fulminantes das autoridades condenando a alta dos preços e a especulação em cima do dólar. "Não permitirei que os preços sejam aumentados. Não há razão para o dólar subir!" Mas os preços e o dólar sobem. Desobedecem ao presidente, mas obedecem ao mercado, o mesmo mercado que foi louvado como razão primeira e final da economia do universo e de cada um de nós.

Deve haver uma boa dose de ingratidão na recente satanização do mercado. Afinal, dois meses atrás, ele era divino e maravilhoso como um *gay* desfilando numa passarela de lucros dourados. Agora é apedrejado como uma adúltera bíblica, responsável pelos remédios mais caros, pela quebradeira generalizada.

Antes, as empresas quebravam por incompetência de seus dirigentes. Agora, é a União, os Estados e os municípios que estão quebrando, mas não por culpa dos governantes. Culpa do mercado voraz cuja goela nunca está saciada.

Volto a lembrar a querida Fernanda Montenegro. Se ela perder o Oscar, além do Itamar e da Lilian Ramos [21], a culpa será também do mercado.

3/3/1999

1999: Cinzas de Vila Rica · 143

Tão sombrio céu

Arautos de sempre, encastelados no governo, no empresariado e em grande parte da mídia, começam a soltar foguetes. O dólar – segundo eles – despencou, a inflação foi contida, a crise está superada.

Do ponto de vista deles, tudo certo. Desde que as Bolsas não se assanhem, e o FMI pingue suas espórtulas para pagar os juros dos especuladores, tudo está bem.

Acontece que a verdadeira crise que atravessamos não é medida em juros, em dólar e muito menos em índices de Bolsa. Está na nossa cara, dia a dia, em cada cruzamento de esquina. A pobreza dia a dia torna-se miséria.

Quando a capital paulista sente o trauma da violência urbana, é cômodo culpar os prefeitos, todos eles, de Pitta a Anchieta – que fundou a cidade. O mercado de trabalho foi desmantelado em nome da globalização: fralda coreana era mais barata, para que produzir fraldas?

Esse é o quadro que o governo se recusa a ver desde que seja elogiado em três linhas no *The New York Times*. Um quadro sombrio, que me lembra um verso de Shakespeare: "So foul a sky clears not without a storm". Tão sombrio céu não clareia sem tempestade.

Será cômodo acusar o cronista de sinistrose. Afinal, o governo ameaça sorrir de novo, a crise já era. Para despeito das cassandras, caminhamos novamente no melhor dos mundos.

Uma ova! A falência do Estado como gestor da sociedade é em si mesma uma nuvem negra que desde já escurece o nosso horizonte. O governo acredita que foi feito para dar condições seguras ao mercado, esperando que o mercado, protegido em sua liberdade e em sua soberania, resolva todos os problemas da sociedade.

Ninguém está torcendo por uma tempestade. A rigor, ela já começou em forma de pingos. Que de diferentes formas estão pingando sobre nossas cabeças.

1/4/1999

O meu, o seu e o nosso

Qualquer idiota conhece os argumentos dos interessados que justificam o socorro do governo a bancos falidos por incompetência ou roubo. Uma crise no sistema bancário prejudica os correntistas, provoca reação em cadeia, bagunça a indústria e o comércio, avilta a credibilidade do país.

Quem abre um banco, quem investe num banco e até mesmo quem deposita num banco está praticando, em diferentes graus, uma operação de risco – o risco tão louvado pelos economistas neoliberais. Com o governo manipulando o meu, o seu e o nosso dinheiro, anulamos essa taxa de risco tornando a instituição bancária imune a qualquer embaraço decorrente do próprio sistema. Socializa o maior emblema do capitalismo.

Para recolher o meu, o seu e o nosso dinheiro, o governo alega que precisa cuidar da saúde, da educação, do trabalho, das estradas, da segurança. Daí que os bancos estaduais e o próprio Banco do Brasil devem ser privatizados para sobrar recursos a serem aplicados nesses itens, que, por não darem lucro, são atribuições do Estado.

Essa lengalenga, que os arautos da economia neoliberal repetem *ad nauseam*, foi formalmente desmentida pelo próprio Banco Central.

União, Estados e municípios estão ou em falência ou em estágio falimentar, por isso hospitais, estradas, escolas, presídios e cidades se encontram em situação miserável.

Já os bancos, que, por serem da iniciativa privada, deveriam assumir o risco de suas operações, antenados com o mercado, esses não podem ir para o beleléu. É pior do que a reserva de mercado. É a reserva do lucro.

Quem é atropelado na rua e não encontra hospital, quem é assaltado e não encontra polícia, quem procura emprego e não encontra, quem paga antecipadamente o que não recebe – esse que se dane. E ainda participe da vaquinha para premiar a incompetência e a corrupção.

8/4/1999

Volta à normalidade

Ando deslocado no tempo e no espaço, daí que comento com retardo a declaração do presidente da República, também deslocado no tempo e no espaço, sobre a situação nacional. Disse ele, para diversos auditórios nos Estados Unidos, que o Brasil voltou à normalidade.

Não escondeu o sufoco do início de seu segundo mandato, a crise de janeiro, que provocou vulcões mal extintos (entrarão em erupção ciclicamente, como convém a qualquer vulcão que se preze).

Mas proclamou que o país voltara à normalidade. O conceito de normalidade de um homem que tem diploma de sociólogo é, para dizer o menos, estranho. Ouso mais: é estranhíssimo.

Normalidade para ele é as Bolsas operarem sem sustos nem traumas, dentro da rotina do mercado. É a garantia dos juros ao capital não-produtivo, a credibilidade da equipe econômica não aqui dentro, onde está sepultada, mas lá fora.

Aqui dentro, bem aqui dentro, ele talvez tenha razão em afirmar que voltamos à normalidade. A distribuição de renda, que normalmente é a pior do mundo, continua normal, ou seja, na mesma. Ou piorando.

A taxa de desemprego cresce normalmente, normalmente surgem casos de corrupção mal apurados ou nem sequer apurados. Normalmente, um médico de um hospital público declara que todos os dias é obrigado a fazer uma escolha de Sofia: entra na enfermaria projetada para vinte leitos mas ocupada por 88 recém-operados. Escolhe quatro ou cinco doentes para tratar, condenando os demais à normalidade da vida humana, que termina em morte.

Normalmente, os aposentados assumiram a condição de vagabundos e normalmente contribuirão com descontos em suas pensões para que o Brasil honre seus compromissos com o mercado especulativo.

De minha parte, é até com algum entusiasmo que participo da normalidade proclamada pelo presidente. Continuo normalmente (e com motivos normalíssimos) a falar mal dele.

16/5/1999

1999: Cinzas de Vila Rica 147

Cabeça e caneta

Melancólico, para não dizer lamentável, o amontoado de vulgaridades que o presidente da República despejou em diversas declarações no final da semana passada, tentando deter e repudiar a onda de suspeitas e indícios que tornam seu governo ingovernável.

Diziam seus admiradores que FHC era uma cabeça, um intelectual, um produtor de coisas inteligentes. Sua exposição no cargo mais alto do país rebaixou-o à dimensão de um demagogo banal, incapaz de articular um argumento além do insulto aos que não acreditam nele e o acusam inclusive de improbidade.

Seu poder não é o da cabeça, que está longe de ser privilegiada. Seu poder resume-se na caneta que assina o expediente mais suculento da República, da qual grande parte da classe política e a totalidade da classe administrativa dependem.

Mesmo assim, e a partir de agora, quando ele se torna dependente integral do PFL e do PMDB, o presidente da República regressará àquele estágio infantil, quando as crianças começam a rabiscar as primeiras letras e necessitam da mão de um professor ou de um pai para iniciar o caminho da escrita.

Sabemos quem exercerá o prestimoso ofício de guiar a mão presidencial toda a vez que ele tentar assinar um ato importante. Sem ACM e sem Jáder Barbalho, líderes dos dois partidos que lhe dão a maioria no Congresso, FHC só poderá assinar mensagens de congratulações, o expediente miúdo da máquina administrativa.

Na realidade, essa situação já era antiga, vem desde os primeiros dias do primeiro mandato. Com os últimos escândalos, com a insistência da oposição em multá-lo pelas transgressões de trânsito político, sua vulnerabilidade ampliou-se dramaticamente. Não é mais um guia das forças políticas. É um prisioneiro delas, um refém.

De presidente medíocre, tornou-se um presidente fraco. Seu governo está morto cerebralmente. Somente a caneta burocrática garantirá a sua vida vegetativa.

31/5/1999

A grande mentira

Compreende-se que FHC peça que esqueçam o que escreveu. Alguns autores repudiam suas obras, proibindo os editores de reeditá-las.

O que não se compreende nem se perdoa é a mentira sobre fatos que escreveram a história de um tempo e a biografia de um cidadão. Repudia-se uma opinião, mas não se apaga uma ação.

Semana passada, o presidente da República desabafou contra os aliados que estão exigindo cargos e fazendo intrigas. Quando o regime era arbitrário – proclamou – ele estava nas ruas exigindo liberdade, democracia e justiça, enquanto muitos dos seus atuais críticos escondiam-se dentro de casa.

Não é verdade. FHC andou realmente pelas ruas, pregando idéias progressistas quando a esquerda tinha a certeza de tomar o poder pelo voto ou por um tipo qualquer de golpe. Rosnava-se que ele já teria se lançado ministro da Cultura de um novo governo ou mesmo de um regime populista.

Deu azar. A empolgação das esquerdas em 1964 foi substituída por uma debandada de auto-exilados que foram viver no exterior. Tirante os poucos prisioneiros trocados pelos seqüestradores – esses, sim, foram banidos por atos do governo militar –, os demais foram para o exílio justamente para não andar pelas ruas clamando por justiça, democracia e liberdade.

FHC nunca foi preso. Quando a barra pesou mesmo, ele foi para fora. Durante os anos de chumbo não participou de nenhum protesto de rua, de nenhum movimento subversivo aqui dentro. Quando o pior da repressão passou, veio para sondar o terreno e viu que o caminho do poder era a direita. Logo que pôde, ficou nela.

A suspensão dos direitos políticos não ameaçou sua liberdade nem sua vida. Outros, na mesma situação, continuaram a luta, arriscando a própria pele. FHC não estava entre eles.

24/8/1999

O aprendiz de feiticeiro

Cientistas políticos ligados ao governo, sociólogos que consideram FHC um iluminado, acabam de descobrir que a culpa de tudo o que está acontecendo no país é da oposição.

Um deles, que aliás é meu amigo pessoal, declara que a democracia não funciona entre nós porque a oposição insiste em fazer oposição. Segundo ele, o atual governo foi eleito pelo povo, logo é legal e merece ser acatado, e não atacado.

Hitler também foi eleito legalmente, legalmente foi convocado pelo presidente da Alemanha para formar um novo governo. Tudo o que fez foi legal ou legalizado pelos tribunais que criou.

Ilegal nos tempos de Hitler era exatamente a oposição de comunistas e social-democratas que contestavam suas idéias e ações e, mais tarde, embora sem sucesso, queriam derrubá-lo. Sem resistência interna, com a oposição exilada e depois exterminada como traidora do Estado, foi necessária uma guerra mundial (mais de 20 milhões de mortos) para tirá-lo do poder.

Reclamam que volta e meia lembro o ditador nazista quando critico FHC. Um outro amigo meu reduz a questão a um esquema: FHC não matou nenhum judeu, pelo menos até agora. Logo, a comparação com Hitler não procede.

Acontece que reduzir a malignidade de Hitler ao anti-semitismo é uma simplificação infantil. Ele é emblema de uma mentalidade de poder muito mais nefasta do que a estupidez racial. Foi a estupidez política que o tornou monstro.

FHC está longe disso, evidentemente. Mas cada vez que ele, com o coro bajulatório de seus acólitos, acusa a oposição de antidemocrática, está balbuciando uma teoria de poder cujo PhD mais ostensivo foi o ditador nazista.

Espero que FHC fique apenas no bê-á-bá e seja para sempre um aprendiz que nunca passará de ano.

28/8/1999

1999: Cinzas de Vila Rica   151

O filho do trovão

Numa de suas últimas explicações ao povo brasileiro, FHC confessou que "agora" o seu modelo é dom Pedro II. Deve ter lido o livro da Lilia Moritz Schwarcz[22] e achou que o último imperador do Brasil sabia das coisas melhor do que ele.

O curioso é que durante a campanha eleitoral, e esporadicamente ao longo de seu primeiro mandato, FHC sempre se agarrou ao mito de JK. Lembro-me de uma foto sua ao lado de dona Sarah Kubitschek e tendo ao fundo o pôster de Juscelino que, se não me engano, se encontra no Memorial JK, em Brasília.

Além da foto, que funcionou como uma espécie de logotipo de sua campanha, FHC sempre falava em Juscelino como meta a atingir.

Acontece que, passados quatro anos e meio, ele não construiu uma hidrelétrica, não abriu uma estrada, não criou nenhuma indústria, não fez uma cidade que, bem ou mal, deslocou o eixo civilizatório do litoral para o centro do país. Isso sem falar na popularidade, no clima de otimismo e alegria que JK imprimiu a seu tempo que hoje é chamado de "era".

Daí que FHC, não podendo mudar de política e de pensamento, mudou de modelo. Foi buscar o velho barbado que reinou durante tanto tempo – acho que é nesse departamento que ele deseja imitar o imperador.

Dom Pedro foi escravagista. Para não assinar a Lei Áurea que libertava os escravos, arranjou uma viagem e deixou para a filha-regente a tarefa. Não queria descontentar os senhores do poder feudal que o sustinham. Nesse ponto, realmente, há alguma semelhança entre os dois.

Mas do jeito como as coisas vão, daqui a pouco FHC dirá que seu modelo é Gomes Freire de Andrade, passará depois para Tomé de Souza. Chegará a Araribóia e a Caramuru – o filho do trovão.

2/9/1999

A casa e a cozinha

Foram os romanos que descobriram a pólvora: para dominar as províncias, custava muito caro manter exércitos numerosos e bem equipados para garantir a *pax* que interessava ao império.

Daí que colocavam em cada capital um procurador apoiado por uma pequena milícia de sustentação. No mais, davam relativa liberdade aos povos conquistados, que podiam cultuar seus deuses, seus símbolos e até mesmo seus reis de fancaria.

O caso mais famoso dessa forma de administrar os povos mais fracos foi o de Pilatos – que entrou no credo e na história por causa disso.

O moderno imperialismo, que teve origem no fim da Guerra Fria, foi buscar esse exemplo para aplicá-lo com uma pequena adaptação tecnológica. Coloca em cada país dependente uma espécie de procurador, que nada procura a não ser zelar para que a nova *pax* mundial seja mantida em benefício da metrópole.

O diferencial moderno é que se utiliza de um nativo local para gerir o que interessa, que é a economia. Em alguns países, esse nativo local costuma ser o presidente daquilo que ainda chamam de República. Em outros, é o ministro da Fazenda ou da Economia, conforme a nomenclatura regional.

Temos o exemplo disso aqui dentro. Não adianta reclamar de Malan, acusar sua política disso ou daquilo. Trabalham em vão aqueles que o desejam derrubar. Nem mesmo o presidente pode dispensá-lo, não porque o aprecie. Ou o julgue indispensável.

É com tristeza que constatamos sua verdadeira missão. Ele deve estar careca de saber que o país precisa de outras prioridades. Mas quem o sustenta nas borrascas não é nem o governo, nem a classe política, nem a mídia e muito menos o povo.

Enquanto o FMI julgá-lo necessário, não adianta acender o fogo e colocá-lo numa frigideira. O dono da cozinha é o dono da casa.

16/9/1999

Apurando responsabilidades

Ali Abn Beroel foi pular o muro da casa de Mustafá Tarak, para roubar os gansos que viviam no jardim mais suntuoso de Bagdá. O muro era alto, Ali Abn caiu e quebrou a perna.

Foi se queixar ao califa: "Sombra de Alá na Terra! O rico mercador Mustafá Tarak ergueu um muro tão alto para proteger seu jardim que eu, indo roubar os seus gansos, caí e quebrei a perna. Mustafá deve ser enforcado!".

O califa mandou chamar Mustafá, repetiu a queixa do ladrão e ouviu a desculpa: "Luz Enviada por Alá para Iluminar o Mundo! A culpa foi do mestre-de-obras, que ergueu o muro mais alto do que o combinado. Gastou tanto o meu dinheiro que caí na miséria!".

O mestre-de-obras foi chamado pelo califa, que o culpou de ter quebrado a perna de Ali Abn e de ter falido Mustafá Tarak. Mas o acusado contou a verdade: "Pai de Todos os Crentes! Eu ia erguer o muro pela metade, mas certa manhã vi a formosa Fátima, filha de Mustafá, dando comida a seus gansos. Aumentei o muro para que a pudesse ver mais e melhor. Por causa dela gastei demais e perdi o emprego. Ela deve ser afogada no Eufrates!".

A formosa Fátima foi chamada e ia ser afogada no Eufrates por ter desempregado o mestre-de-obras, falido o pai e quebrado a perna do ladrão. Mas ela explicou: "Pedaço de Lua Crescente que Alá Mandou para nos Iluminar! Todas as manhãs preciso dar comida aos meus gansos, do contrário, eles morrem".

O califa, Sombra de Alá na Terra, Pai de Todos os Crentes, Pedaço de Lua Crescente, usou de justiça: mandou matar todos os gansos da filha de Mustafá.

A CPI dos grampos do BNDES e outras que por aí andam repetem com linguagem menos poética o mesmo raciocínio jurídico dessa fábula, que li não sei onde, mas que serve perfeitamente para nossos gansos.

23/9/1999

Idéia fixa

Dizem que brasileiro é sujeito a idéias fixas. Mulher é uma delas – e talvez a mais perdoável. O governo também cultiva idéias recorrentes, sendo que o confisco da renda dos mais pobres tornou-se uma idéia fixa na cabeça dos atuais governantes.

Incapaz de operar uma máquina eficiente e honesta de recolher os impostos naturais, que a sociedade em tese deveria pagar para sustentar os itens básicos da saúde, educação, segurança etc., o governo sem imaginação de FHC insiste em arranjar dinheiro de forma que não dê trabalho: descontando em folha dos funcionários mais modestos, inclusive dos inativos.

O STF (Supremo Tribunal Federal) tentou corrigir a aberração que obrigava os aposentados a pagar mais, do pouco que ganham. Mas as autoridades do Ministério da Fazenda insistem em taxar pensões e benefícios previdenciários, uma comodidade para os que arrecadam e uma crueldade para aqueles que pagam. Como ninguém no governo quer comprar briga com os militares, é possível que a classe seja isenta desse novo assalto do governo.

O argumento dado por Malan é primário: o governo contava com a arrecadação que o Supremo por ora derrubou. Logo, tem o direito de mudar a lei para que, de outra forma, o confisco continue obrigatório e legal.

Venderam-se as estatais para pagar compromissos da especulação. O ex-ministro Jatene passou um tempão brigando e se desgastando para ressuscitar um imposto para a saúde – que tampouco adiantou à goela de um orçamento federal mal previsto e mal executado.

Malan descobriu que o benefício de 900 e tantos mil inativos do serviço público não pode prejudicar os direitos dos 160 milhões de brasileiros.

A idéia fixa do governo é que pagar salário é um favor. E honrar as pensões que foram descontadas ao longo de 35 anos é um desperdício que alimenta vagabundos.

7/10/1999

A caixa e a caixinha

Outro dia, fazia a revisão dos originais de um dos volumes de memórias de JK, intitulado *50 anos em 5*. Resultado de um trabalho conjunto do ex-presidente, de Caio de Freitas e Josué Montello, com edição final deste que vos escreve, o livro narra os principais lances do governo hoje transformado em era.

Impressionante como a prioridade, na época, era fazer, desenvolver, criar. Nos capítulos em que a questão econômico-financeira emergia como problema, a causa e o fim de tal preocupação era obter recursos para que mais uma estrada fosse aberta ou melhorada, mais uma indústria de base fosse instalada, sem contar, é evidente, o fluxo alucinado de capitais para que uma nova capital fosse construída e entrasse em funcionamento.

Num paralelo com o atual governo, a diferença é escrachante. Se consultarmos um jornal de ontem, da semana passada ou de três anos atrás, veremos que o atual governo, afora os escândalos e fuxicos pontuais de cada mês, só se articula, só existe numa via de mão única: obter mais recursos, mais impostos, mais cortes no Orçamento, mas com a finalidade exclusiva de manter caixa suficiente para fazer aquilo que FHC e Malan chamam de "honrar" compromissos com os especuladores de dentro e de fora. Fazer o tal exercício de casa exigido pelo FMI.

O gasto de energia e de discutível imaginação é todo dedicado a tirar mais dinheiro das empresas, e de todos nós, para despejar na caixa que, no fundo, equivale à caixinha dos bicheiros e dos policiais corruptos.

É um dinheiro que deixa de produzir riqueza nacional e bem-estar social para operar o cassino em que transformaram o país. A insistência em taxar os inativos, além de uma crueldade, é a prova de que o governo está raspando o fundo do tacho e chegando ao fundo do poço.

11/10/1999

Solução à vista

Bem antes da era dos transplantes, Swift fez seu herói encontrar, num dos países imaginários que conheceu, um cientista que resolvera a questão fundamental da sociedade.

Ao separar cidadãos e povos, a política leva a confusões que terminam em crises e guerras. O tal cientista pegava os políticos, dividia-os de acordo com o tamanho do cérebro, calculava a massa encefálica de cada um. Num ato cirúrgico só possível na ficção, ele fazia um *blended* de cérebros, obtendo um denominador comum que era repartido em porções proporcionais a cada caixa craniana.

Com isso, todos os políticos pensavam da mesma maneira, tinham as mesmas idéias salvadoras, lutavam pelas mesmas causas. Os projetos eram aprovados por unanimidade e com presteza – tal como FHC deseja.

Suspeito que a técnica dos transplantes ainda não chegou a esse ponto. Mas, no tempo de Swift, seria tão impensável o transplante de um rim como o de um cérebro. Ainda chegaremos lá.

O governo devia tomar providências para apressar esse dia. Teríamos assim um presidente da República com as mesmas idéias e prioridades exigidas pela oposição, da mesma forma que a oposição teria o seu programa executado pelo presidente da República.

Não sei se faço bem ao lembrar a solução encontrada pelo personagem de Swift. Com a massa de desempregados, de pessoas tornadas inúteis pelo atual governo, seria fácil encomendar a um grupo de cirurgiões os primeiros testes desse tipo de transplante. A ciência sempre progrediu à custa de cobaias.

A paz nacional, o progresso da nação não podem depender da mania de cada um pensar com a própria cabeça. Que haja muitas cabeças, mas um pensamento único. Acho que já andamos metade do caminho.

14/10/1999

Crítica e autocrítica

Reclamam do cronista a insistência (que um dos leitores chamou de "diuturna") em criticar o governo em geral e o presidente da República em particular.

Volta e meia, aparecem no "Painel do Leitor" reclamações nesse sentido. Diariamente, na telinha do meu computador, me atribuem uma fobia pelo poder – o que em parte é verdade.

Como nada neste mundo é unânime, e, segundo Machado de Assis, tudo é possível, também recebo apelos para continuar exercendo o ofício de molhar os cavalos que estão na chuva para isso mesmo: serem molhados. Ou malhados – usando uma das coisas que mais detesto, que é o trocadilho.

A leitora Maria Clélia Carline, de São Simão (SP), diz em carta que, quando vê as iniciais "FHC" nos meus combalidos textos, passa adiante – no que faz muito bem. Se pudesse, eu também passava.

Em 1964, logo após o movimento militar daquele ano, havia leitores que reclamavam da insistência com que eu falava mal do presidente Castelo Branco. Sugeriam-me que eu criticasse sargentos, majores e coronéis que, uns mais, outros menos, faziam parte daquele governo.

Sempre me recusei a gastar a escassa munição de que disponho com alvos suplementares. Não me interessava então acusar o major que prendia ou espancava o operário suspeito de ser comunista. Criticava seu chefe, o homem que encarnava o direito de prender ou torturar quem quer que fosse.

Com as adaptações de tempo e de modo, é o caso de hoje. Além do mais, acredito que também desagrado àqueles que acham que volta e meia perco o rumo e gasto o espaço deste jornal falando de assuntos que não interessam a ninguém, a não ser a mim próprio: moças malcomportadas, santos de minha devoção, as manhãs da Lagoa e outras banalidades do meu cotidiano igualmente banal.

Há muito perdi a esperança de contentar os outros. E raras vezes consigo contentar a mim mesmo.

24/10/1999

1999: Cinzas de Vila Rica 161

O Avança no Brasil

Durante a campanha para a privatização da Vale do Rio Doce, o governo gastou uma baba em publicidade para criar um clima favorável àquela jogada. Garantiu que com o dinheiro da venda resolveria os problemas do país no setor social, inclusive no previdenciário.

As demais privatizações também tiveram a mesma desculpa governamental: os rombos orçamentários necessitavam ser cobertos, somente assim o Brasil poderia chegar ao paraíso prometido por FHC: escolas, hospitais, estradas, empregos etc.

Com os escândalos das teles, que até agora não foram explicados, o governo foi obrigado a recuar. E, como a imaginação da equipe econômica é primária, buscou a alternativa óbvia: taxar mais ainda os salários, inclusive as pensões dos inativos.

Resumindo: o governo só descobriu dois caminhos para sobreviver economicamente: vender o que nos pertencia ou tirar o dinheiro do bolso de todos nós.

Incapaz de criar fontes de renda, por meio do desenvolvimento natural da sociedade que pode produzir e deseja consumir, o governo se acachapa na fórmula idiota de comer a própria carne da sociedade, alienando seus bens patrimoniais e taxando seus ganhos no limite mais baixo, que são os salários e as pensões.

Nem avança na renda, que de certa forma também está taxada ao limite. Avança no salário, que não chega a ser, tecnicamente, uma renda. E quando, além do salário, avança nas pensões, que são o pagamento a quem durante anos pagou por esse direito, está praticando um reles estelionato.

Como se vê, o "Avança Brasil" está avançando, mas em cima de nós. O governo continua sucateando nossa economia: vendeu o que era nosso e agora avança em cima de quem pagou uma mercadoria e recebe outra pior.

25/10/1999

A senzala e a casa-grande

Para aqueles que reclamam que o cronista insiste num samba de uma nota só, falando sempre mal do governo, chamo a atenção para o samba de uma nota só que o governo nos obriga a ouvir há mais de quatro anos.

O mote único nos pronunciamentos presidenciais é o da falta de compreensão e de colaboração, ora do Congresso, ora da classe política que lhe nega apoio e presteza.

A realidade, como sabemos, é outra. O Congresso deu tudo ao governo, até mesmo aquilo que não devia dar. Bem verdade que muitas vezes não deu de graça, mas acabou dando.

Quanto à classe política, o governo nada pode reclamar. Por meio de seus representantes formais, que são os governadores, o presidente da República tem tido carinhosa colaboração do universo político. As poucas exceções (Itamar e a turma do PT) só confirmam a regra.

Bem verdade, também, que esse apoio não é gratuito. Evidente que não há, entre os governadores, casos explícitos de suborno, como houve no Congresso por ocasião de algumas emendas à Constituição.

O toma-lá-dá-cá é prática política até certo ponto tolerável, quando está em causa o real interesse da sociedade. Não é o caso da taxação dos inativos, que semana passada juntou a quase totalidade dos governadores na mesma mesa do presidente da República.

Apesar de negado diversas vezes, tratou-se naquela reunião do exclusivo interesse de um governo incapaz de equilibrar suas contas e pagar sua dívida social para com a nação.

Sabemos que a prioridade máxima da atual equipe governamental é manter o cassino que beneficia a especulação do capital globalizado. Como nada sobra para zerar os déficits internos, a solução foi avançar na senzala – que continua pagando a crueldade e a incompetência da casa-grande.

26/10/1999

O burro, o rei e o judeu

Li nas folhas que o ministro Malan "fixa o ano de 2015 para o país reduzir a miséria". A declaração foi manchete num jornal aqui do Rio e de pronto me lembrou a história do burro, do rei e do judeu que contarei logo adiante.

A curiosidade não foi suficiente para compensar a minha ignorância em assuntos econômicos, daí que nem me dei ao trabalho de conhecer os elementos que levaram o ministro à profecia tão ferozmente datada. Dou de barato que seus cálculos são bons e excelentes devem ser suas intenções.

De início, o prognóstico serviu para que ele descartasse qualquer imposto destinado a combater a miséria. Mas não foi nada disso em que pensei. Pensei, como disse acima, na história do burro, do rei e do judeu.

Deu-se que o rei tinha um burro de estimação – o que não era uma raridade, geralmente os reis costumam estimar muitos burros. Querendo melhorar o lado performático do animal, o rei baixou edital prometendo dar mil moedas de ouro àquele que ensinasse o burro a falar. Caso não conseguisse, o pretendente seria enforcado.

Somente um judeu apresentou-se, mas com uma condição: precisaria de dez anos para fazer o burro falar. O rei topou, deu-lhe metade do prêmio.

Quem não topou foi a mulher do judeu. "Você está maluco? Devolva esse dinheiro, do contrário será enforcado daqui a dez anos!" O judeu explicou: "Mulher, daqui a dez anos ou morre o rei, ou morre o burro ou morro eu".

Acho que o Malan deu uma igual. Daqui a 15 anos, mais de metade dos atuais miseráveis estarão mortos. Ele não deverá ser mais ministro. E o Brasil, globalizado, será apenas uma pasta num dos arquivos mortos do FMI.

27/10/1999

O grande incompreendido

Assim como há incontinência urinária, há incontinência verbal. FHC sofre deste último sintoma.

Coisa de meses atrás, aqui mesmo no Rio, desancou o Senado e, antes de voltar à Brasília, telefonou para ACM dizendo que "fora mal interpretado".

Agora repetiu a dose, intrometendo-se em assunto do Congresso. Pior: em defesa do abuso que vem praticando por meio das medidas provisórias, com as quais ele pretende governar sozinho.

Semana passada toquei nesse assunto, dando o número das MPs que ele assinou, recordista absoluto desde que a Constituição de 1988 instituiu esse recurso emergencial. Evidente que das 3.000 e tantas medidas que assinou, metade seria justificada pela urgência de tocar a administração pública. Mas a outra metade é um abuso de poder, uma forma de baixar decretos-leis que constituem a base jurídica de qualquer ditadura.

A vantagem que FHC apresenta é a previsibilidade. De tal forma essa previsibilidade se confunde com a leviandade que, a cada declaração sua, pode-se contar com o desmentido. Nunca é entendido. Que diabo, um homem que foi professor, que tem fama de ser bom comunicador, por que não se explica de uma vez e diz o que pensa sem necessidade de negar o que disse e pensar o que não pensou?

A evidência de seu governo é que, por meio de sua decantada "persuasão", ele tem conseguido tudo o que quer e precisa do Congresso. A começar pela emenda que lhe deu o direito de se reeleger, quando sua persuasão chegou ao limite da eficiência. Três deputados persuadidos renunciaram ao mandato por conta dos argumentos transformados em cédulas retangulares de cor esverdeada.

Tive um professor de grego que reclamava não ser entendido quando dava suas aulas em grego. Sempre me lembro dele quando FHC declara que foi mal compreendido.

2/12/1999

Tempos e contratempos

A três anos da sucessão presidencial, é impressionante a briga de foice dos candidatos a candidatos ao poder. Os nomes estão sendo lançados em diversos graus de sondagem. Tal como nos concursos de misses, todos esperam ser finalistas.

Atravessamos aquele período que os cineastas, quando pretendem fazer um filme, chamam de "captação de recursos". Partidos e pretendentes já estão passando o pires cívico. As "fontes", algumas delas insones, ficam penduradas nos telefones até a madrugada, plantando as notinhas na mídia, usando e abusando dos editores, subeditores, colunistas e repórteres especiais.

Foi dada a partida. Faltam três anos para o fim do atual governo. Neste espaço de tempo, JK construiu uma capital, quintuplicou a rede de estradas, inaugurou duas hidrelétricas (as maiores daquele tempo), instalou indústrias de base. Nas horas vagas, fazia o país acreditar em si mesmo, cantar a bossa nova e ser campeão do mundo na Suécia.

Não fez seu sucessor e, por causa disso, o jornalista Clóvis Rossi acha que JK foi um fracasso. Na ótica pervertida da política, o importante seria provar que era bom mesmo, elegendo o seu sucessor.

Os presidentes do regime militar fizeram seus sucessores, sabemos a que preço. FHC poderá fazer o sucessor ou ele próprio se suceder mais uma vez a si mesmo. E daí?

Três anos pode parecer pouco, mas é muito na vida útil de uma geração. Gastando o primeiro mandato no tal "redesenho do Estado", FHC não criou nada de novo, nem um Estado, nem um país, muito menos uma nação.

Sucateou nossa soberania, canibalizou nosso precário sistema de saúde e educação. Jogou milhões de brasileiros no desemprego. E, bem antes do tempo, abriu a temporada do pires que vai azeitar e desde já corromper o próximo governo.

11/12/1999

Escala inútil

Do mesmo modo que a natureza, a política não faz saltos. Daí que não adiantou esticar o mandato do atual presidente. Ninguém acreditou nesse novo período presidencial, a não ser o próprio beneficiário. Para a classe dos interessados, atravessamos um mandato-tampão.

Desde os primeiros dias de janeiro que os juquinhas da nossa vida pública só pensam naquilo.

A periferia do poder, que vai pagar a conta (aliás, já está pagando), concentra todos os esforços numa pesquisa ainda divinatória, para ficar sabendo em quem apostar as fichas na próxima campanha. A mídia especula, recebe informações das "fontes", cuja função é plantar notinhas do interesse deste ou daquele candidato a candidato.

Com três anos pela frente, o atual governo dá a impressão de um jumbo parado na pista, esperando que a nova tripulação venha assumir o comando da cabine e reiniciar o vôo. Quem já passou pela situação sabe quanto é irritante e inútil essa espera. Nada se pode fazer. O conforto interno se deteriora, falta água, o ar-refrigerado pifa, os banheiros ficam imprestáveis, perdem-se conexões e compromissos.

O Brasil é um gigante parado na pista, sem poder ir a nenhum lugar enquanto a nova tripulação não assumir. A velha já deu o que tinha que dar – e deu pouco, na realidade, nem saiu do lugar, mesmo assim conseguiu errar a rota. Prometeu levar o país a um ponto do futuro, mas decidiu mudar o desenho do aparelho e nem saiu da pista.

A mediocridade do presidente da República capturou mediocridades iguais em torno de seu governo. Uns pelos outros, todos são falantes, gostam da mídia, acreditam-se articulados porque falam muito. Mas pertencem, a começar pelo chefe, a uma elite cultural de segunda classe.

12/12/1999

Ninguém é de ferro

Uma das crônicas em que Nelson Rodrigues repetiu a mesmíssima história foi a do espanto quando ouviu um camelô gritando na rua do Ouvidor: "A nova prostituição do Brasil! A nova prostituição do Brasil!".
Ele ficou imaginando o que seria isso, aproximou-se para ver o que o cara estava vendendo. Era um exemplar da nova Constituição do Brasil. Em torno desta confusão, Nelson fez umas cinqüenta crônicas com suas reflexões a respeito, tanto da velha prostituição como da nova Constituição.
Levei susto parecido quando passei por uma banca de jornais e vi a manchete que li apressadamente: "Governo sacaneia a administração pública".
Por Júpiter! Custou, mas chegou o dia da verdade. Jornais que antes incensavam o governo, adulando-o por tudo o que faz ou deixa de fazer, finalmente se rendiam à evidência.
Fiquei tão emocionado que, na banca seguinte, me aproximei para ver a primeira página do jornal carioca que dava nome aos bois.
Ledo e ivo engano! A manchete era outra: "Governo saneia a administração pública". Bem – pensei eu, seguindo meu caminho agora de crista baixa –, não foi desta vez.
Embora a imprensa aceite o pluralismo de opiniões, na parte informativa continua proclamando as maravilhas do poder. Apesar de independentes, uns mais, outros menos, não compreendo como os editores tendem a acreditar nas declarações e programas que invariavelmente, de seis em seis meses, o governo despeja em cima da sociedade.
O saneamento prometido nunca chega. O sacaneamento sim. Com assombrosa cara-de-pau, lemos que o primeiro escalão do poder vai começar obras, inaugurar grupos de trabalho que farão isso ou aquilo. Mas 90% do tempo oficial é para armações de política e poder. Os 10% restantes para descanso – que ninguém é de ferro.

29/12/1999

Sabedoria de rabino

Do anedotário judaico, um dos mais ricos e eficientes da humanidade, a história que mais se aplica a um certo personagem de nossa vida pública é a do rabino que foi chamado a decidir uma grave desavença entre Jacó e Salomão.

Jacó contou com abundância de detalhes a sua versão, no tom veemente próprio dos judeus que se sentem preteridos pela esperteza de outro judeu. Quando terminou, o rabino bateu no ombro dele e deu a sentença: "Jacó, você está com a razão!".

Foi a vez de Salomão contar como se dera realmente a briga, falou e suou (suou mais do que falou) para expor seu modo de encarar as coisas, emocionou-se e, após as ameaças de chorar, acabou chorando mesmo. O rabino o consolou, bateu em seu ombro e declarou: "Salomão, você está com a razão!".

Esqueci-me de dizer que Raquel, mulher do rabino, estava presente em ambas as audiências. Ela esperou que Jacó e Salomão fossem embora, cada qual levando a certeza de que estavam cobertos de razão.

Raquel estourou. Com a fúria das mulheres justamente indignadas, ela reprovou com duras palavras o comportamento do rabino, sua fraqueza moral, sua falta de caráter, reduziu o marido a nitrato de pó daquilo.

O rabino ouviu calado. Coçou a barba, pensou um pouco e disse com inacreditável sinceridade: "Raquel, você está com a razão!".

Penso nesse tipo de sabedoria toda vez que proclamam a capacidade conciliatória do presidente da República, sua habilidade em dirimir conflitos internos do poder. Se esse tipo de pacificação é inútil nas crises entre seus auxiliares, é lamentável quando discursa para auditórios ou para a nação.

Falando para esquimós, lapões ou papuas, ele dará razão a todos. Suas últimas entrevistas dão a impressão de que tudo está tão bem que ele nem precisa governar.

30/12/1999

2000
Nosso homem em Brasília

O grande segredo

Ao contrário dos evangelhos, onde tudo era "naquele tempo", a história que vou contar é do nosso tempo mesmo. Um jornalista soube que o prefeito de uma cidade do interior conseguira fazer um hospital cinco estrelas, com centro cirúrgico que o próprio alcaide, ao inaugurá-lo, declarou que "era digno do Primeiro Mundo".

Em tempo: quando se usa essa expressão, dá-se a entender que no Primeiro Mundo ninguém morre, ninguém tem dor de barriga ou de alma. Ledo e ivo engano! Mas vamos lá.

O fato é que o hospital era decente mesmo, aliás, era decentíssimo. Sabendo que havia um glorioso quisto primeiro-mundista encravado numa das regiões mais miseráveis do Brasil, o jornalista decidiu assuntar. Tomou avião, ônibus, burro e canoa, chegou ao paraíso terrestre hospitalar.

E, por Júpiter!, encontrou aquilo que antigamente os jornais, para evitar a repetição da palavra hospital, chamavam de "nosocômio". O centro cirúrgico podia fazer transplantes de cabeça, tronco e membros de qualquer mortal, embora os mortais da região nem precisassem disso.

Entrevistou o prefeito. Onde conseguira recursos para uma obra daquelas? Ajuda do Ministério da Saúde? Patrocínio de um fundo de pensão?

Nada disso. O prefeito disse que apenas não roubara nem deixara ninguém roubar. Ele descobrira que todos os serviços terceirizados da administração municipal pagavam de 15% a 25% de comissão aos intermediários. Canalizou esses recursos de volta ao orçamento de que dispunha. Deu para fazer o hospital e ainda sobrou algum.

Conto esta história porque ela explica muita coisa que acontece num país que vendeu estatais para cobrir déficits da Previdência, da saúde e da educação. E tudo continuou como antes.

22/2/2000

Nosso homem em Brasília

A semana foi marcada pela substituição de um funcionário dito do alto escalão. Não consigo me entusiasmar com esses eventos, que levam os entendidos a orgasmos múltiplos toda vez que A entra em lugar de B.

De uma coisa tenho certeza. Nenhum dos motivos vindos à tona para explicar a substituição foi realmente a causa do troca-troca. Tirante os casos em que o titular morre de morte morrida, e por isso mesmo a substituição fica naturalmente explicada, as demais são sempre nebulosas. Embaixo do angu, há caroço que não vem a público.

Ainda que a causa da troca no BNDES tenha sido técnica, ou operacional (o funcionário falava demais, o ministro falava de menos), por baixo dos panos do poder o furo se revelou mais em cima. O governo como um todo, tendo FHC na *pole position*, está se arrumando no terreno para a próxima sucessão presidencial.

Do lado oficial, os candidatos do sistema são razoavelmente fracos. O mais forte de todos é o próprio FHC. Ele sabe disso e faz com que os outros também fiquem sabendo.

Bem, há a Constituição, que impede um terceiro mandato. Mas reformá-la não é problema. Sobretudo quando há fome e vontade de comer de ambos os lados: o presidente querendo ficar e o grupo que o apóia querendo permanecer.

Por cima de tudo, os sensores do Consenso de Washington, que além de sensores muitas vezes são também censores, continuam transferindo nossas decisões básicas para uma equipe de funcionários bilíngües, transnacionais, que encaram a nossa economia como um departamento regional que tem de continuar dando lucro e garantias ao caixa central.

Para manter essa situação, todos são descartáveis, menos o principal homem do setor, que continua sendo o presidente da República. Dá muito trabalho arranjar outro.

26/2/2000

A caixa de cada um

As acusações da ex-mulher do prefeito paulista foram desequilibradas, ressentidas e discutíveis em vários aspectos. Nem por isso devem ser desprezadas. Revelam mais ou menos o que já era sabido. Um ou outro detalhe mais escabroso seria inédito, mas o grosso estava na boca de todas as matildes.

Dona Nicéa Pitta deu-me a impressão desses alucinados que, nas praças públicas, lembram nossas iniqüidades, proclamam que os tempos são chegados e devemos fazer penitência. Aprecio esses discursos apocalípticos, letais. Dou razão a eles. Mas sigo meu caminho e continuo nos meus pecados.

De tudo o que ela falou, o mais importante foi a revelação de um conselho dado por um especulador a seu ex-marido: "Faça uma caixa, você é pobre e mais cedo ou mais tarde precisará de bons advogados para se defender" – cito de memória.

É isso aí. Roubando ou não roubando, os governantes, os executivos de grandes empresas, os que detêm o poder ou parcela dele são obrigados a fazer uma "caixa" preventiva não para comprar iates, vilas na Riviera e mansões em Miami, mas para pagar advogados que farão os processos se alongarem nos tribunais até serem prescritos.

Guardar algum não para a aposentadoria ou para os castigos da idade, mas para ficar livre da hipótese de ir para a cadeia ou ser obrigado a cometer suicídio, tornou-se uma exigência operacional dos dirigentes. Na Itália e no Japão, países onde a taxa de corrupção é equivalente à do Brasil, volta e meia um graúdo é preso ou se suicida.

O conselho que o especulador deu ao casal Pitta deve ser exportado. Aqui dentro, é uma prática desenvolvida com alto grau de sofisticação. Deixar o poder sem uma reserva num paraíso fiscal, como o das Ilhas Cayman, é uma temeridade e uma burrice.

12/3/2000

Entenda o que está acontecendo

Acredito que ninguém será cara-de-pau o suficiente para comemorar, amanhã, mais um aniversário do movimento militar de 31 de março de 1964. Foi o início do longo período que passou à História como "os anos de chumbo". Chumbo significando um peso e uma bala.

Naquela época, a mídia estava excitadíssima. Discutia-se, ofendia-se, acusava-se todo mundo e todos se acusavam de entreguista, golpista, sindicalista, progressista, comunista, fascista, peleguista e terrorista. Havia casos pessoais de corrupção, mas poucos. O bate-boca era, no fundo e na forma, ideológico.

Trinta e seis anos passados e a mídia continua excitada, mas de outra forma e com outro sentido. Em termos de idéias, todos parecem estar do mesmo lado: o muro de Berlim caiu, tudo agora é permitido. Vamos aproveitar.

O governo nomeia uma equipe econômica afinada com os centros de decisão do exterior – e chama a isso de modernidade. Modernidade que, no varejo municipal, acaba no escândalo da prefeitura paulistana, com o alcaide sendo sustentado não pela comunidade, mas por um empresário.

A baixaria na maior cidade do país tem filiais espalhadas pelo território nacional. A mídia se esbofa para acompanhar as acusações, checar as denúncias, identificar os laranjas, explicar o cipoal de cada caso, na base do "entenda o que está acontecendo".

Na verdade, parece que ninguém está entendendo nada de nada. Uma coisa simples, como a correção do salário mínimo (não falei em aumento, falei em correção), rende discussões infindáveis e hipócritas, pois todos sabem que os cálculos são viciados para garantir o equilíbrio das contas que o governo é o primeiro a desequilibrar.

Tivemos o totalitarismo militar. Temos agora o totalitarismo da mediocridade. Há vítimas de um e de outro regime.

30/3/2000

Assim falou Acácio

A crônica de hoje será escrita por outros. Transcrevo do *Jornal do Brasil* de ontem o trecho da matéria sobre o que seria "o recado político" do presidente, indignado com o bate-boca de dois amigos que lhe dão sustentação no Congresso[23].

Diz a matéria que, em momentos assim, "o presidente deixa aflorar com todo o calor da imaginação o seu lado irônico, verborrágico e intelectual". Vejamos as frases pinçadas pela própria editoria de arte do jornal, dando realce ao lado intelectual do presidente:

1. "O momento do Brasil exige uma retomada de valores republicanos, não apenas em termos retóricos e bombásticos."

2. "A vida brasileira hoje requer do homem público comportamento, humildade, simplicidade, tranqüilidade, firmeza."

3. "O Brasil cansou da impunidade e da corrupção. Com toda a franqueza, existe a necessidade de pôr um fim à impunidade."

Parece irônico que o presidente considere o Brasil cansado de tanta impunidade e corrupção. O bafio acaciano de suas declarações, que a matéria do *JB* considerou verborrágicas, poderia acentuar a ironia. Afinal, a impunidade tem patrocínio oficial.

Funcionários do primeiro escalão que se envolveram em escândalos foram premiados não apenas com a impunidade, mas com nutridas compensações – sempre à custa do erário nacional.

Quanto à "retomada dos valores republicanos", além de uma frase oca, de orador que pede a palavra na hora da sobremesa, seria bom lembrar que a rotatividade no poder é talvez o mais sagrado desses valores.

E o presidente, que já reformou uma constituição republicana para se reeleger, prepara nova emenda para ficar mais tempo no poder, em regime presidencialista ou, se não for possível, em regime parlamentarista. Com a palavra o próprio Acácio: nada melhor do que ficar sempre no melhor.

17/4/2000

Golpe de cima

Quando um presidente da República, e não um jornalista que é sempre do contra, começa a ver no panorama nacional o risco de uma ruptura institucional, é que a situação está feia mesmo. O presidente confessou seus temores: corrupção desenfreada em todos os escalões da vida pública e radicalização de exigências sociais nunca atendidas.

Pessoalmente, e apesar de pessimista profissional, não acredito numa radicalização dramática por parte de grupos como o MST e derivados. Ou de equivalentes na outra ponta da corda, no caso, a UDR. Mas temo o próprio governo, que pode desfechar o famoso golpe preventivo, exatamente como em 1964.

No último domingo, em entrevista ao *JB*, o presidente mostrou-se preocupado. Após pintar um quadro de radicalização, FHC diz que "é preciso agir preventivamente antes que determinadas situações se consolidem".

Já vimos esse filme. Tanto o AI-1, de 1964, como o AI-5, de 1968, invocaram o mesmo princípio da antecipação preventiva. E, não bastando o foco subversivo que se alastra no campo, tal como em 1964, o próprio presidente detecta na administração pública a corrupção – outra coordenada que deflagrou o regime autoritário que durou 21 anos.

O gozado, para não dizer o trágico, nisso tudo, é que o anúncio de uma catástrofe institucional venha justamente da parte de quem é pago com o dinheiro de todos nós para evitar esse tipo de ruptura legal. E mais: é pago para coibir e punir a corrupção e intermediar os conflitos sociais, tanto no campo como nas cidades.

As recentes mexidas na administração, oriundas do setor militar do Planalto, já indicam a existência dos sinistros dispositivos preventivos. Vem agora o próprio presidente avisar que há risco de ruptura institucional. Mais uma vez, em nossa história, a subversão ameaça vir de cima.

4/5/2000

O varão

Levantar hipóteses é um recurso idiota. Como idiota assumido, vou levantar algumas. Que ninguém se assuste, eu próprio não estou assustado. Mas vamos lá.

Daqui a dois anos e picos terminará o segundo mandato do presidente da República. Não apenas ele, que é um desprendido, mas a turma que se incrustou no poder em torno dele estão recolhendo todos os tostões para encontrar a forma de continuar mamando naquilo que nutritiva metáfora de antanho chamava de "tetas do poder".

As hipóteses são três:

a) Nova reeleição. Descolar nova emenda constitucional para possibilitar um terceiro mandato. Custa caro uma operação dessas, mas dinheiro não será problema. Tem a vantagem de ser incruenta.

b) Parlamentarismo. Afinal, os únicos presidencialistas do país são o Lula, o Brizola e o Enéas. Custa menos que o terceiro mandato, é também incruento, mas é uma hipótese alternativa, na base do lá se vão os anéis, mas salvam-se os dedos.

c) Salvação nacional. Hipótese também conhecida pelo nome de golpe. Situação explosiva no campo, com invasão de terras e prédios, ameaça de greves dos caminhoneiros que podem sitiar os centros urbanos, deixando-os sem comida e sem gasolina. Além disso, a desenfreada corrupção que assusta o presidente da República. Evidente que a oposição é que é a corrupta, pois a máquina administrativa, comandada por ele, tornou-se uma vestal protegida pelo varão de Plutarco que é ele próprio.

Poderia levantar uma quarta hipótese, que seria a constitucional. Mas, diante da fragilidade dos candidatos, as forças responsáveis da nação se inclinam a continuar com o varão de Plutarco. "Quem senão ele?" – perguntava Rudolf Hess em Munique. O "ele" em questão, após um golpe frustrado, chegou lá por via normal. Todos queriam salvar a pátria.

11/5/2000

Motel de beira de estrada

É cada vez maior o grau de insatisfação da sociedade com o governo. Semana passada, nas ruas das duas principais cidades do Brasil, tivemos manifestações explícitas de descontentamento popular. No caso, foram em sua maioria formadas por funcionários.

Manifestações que nada têm a ver com os sem-terra nem com os caminhoneiros – que andaram bagunçando a *pax* imposta pelo neoliberalismo globalizado, da qual o Brasil participa como país do baixo clero, país marginal e dependente dos interesses econômicos internacionais.

Não sabemos no que irão dar essas manifestações. Atribuí-las à turma do contra, aos idiotas, facínoras e desordeiros é uma simplificação e uma tolice. Insisto na questão do terceiro mandato presidencial.

Os estrategistas da situação deixam rolar o descontentamento popular, a corrupção e a possibilidade de ações violentas de ambos os lados, polícia e povo. Chegará a um ponto em que somente uma solução radical poderá impedir o caos.

E aí, de duas, uma: ou as forças vivas da nacionalidade apelam para um golpe nas instituições ou, com a intermediação da classe política encastelada no poder, desentoca-se o parlamentarismo.

Mudando o regime, será inventado um arco partidário tendo como eixo a mesmíssima base de sustentação do governo (PSDB, PFL, PMDB e afins). Será formada a maioria parlamentar que continuará conduzindo o país para o mesmo buraco e as ruas para a mesma insatisfação.

Aos homens que estão no poder somente importa o próprio poder, independentemente do regime adotado: presidencialismo, parlamentarismo ou ditadura. O que cair na rede é peixe.

O essencial é que continue a reinar a *pax* estabelecida no Consenso de Washington, em que países como o Brasil funcionam como motéis de beira de estrada para descanso e prazer da ciranda financeira mundial.

21/5/2000

A grande mala

Rezam as crônicas que Benedito Valadares, interventor e mais tarde governador de Minas Gerais, no dia em que entrou pela primeira vez no Palácio da Liberdade, sede do Executivo mineiro, sentou-se numa daquelas poltronas adamascadas do salão nobre, agarrou-se nos braços dela e declarou: "Daqui não saio mais!".

O apego ao poder – garantem os filósofos de todos os feitios e latitudes – é próprio da condição humana. Fujimori está indo para o terceiro mandato. Não é um ditador como foram Pinochet, Salazar, Franco. É eleito pelo voto popular, presumidamente livre.

Não acompanho a política do Peru, não sei se o povo de lá está mesmo satisfeito com Fujimori. O risco desta segunda reeleição é o péssimo exemplo que dá aos presidentes vizinhos. Uns pelos outros, todos se agarram à cadeira presidencial e de lá só saem quando esgotam todas as barganhas, as constitucionais e, havendo clima, as inconstitucionais.

Os entendidos garantem que não há mais espaço para golpes de força no Brasil. O Movimento de 1964, que durou 21 anos, desgastou a panacéia militarista. Uns 600 cidadãos com mandato no Congresso formam um colégio eleitoral privilegiado. Não elegem um presidente, mas mudam a Constituição de acordo com os ventos que soprarem.

Quando o tucanato chegou ao poder, seu tesoureiro anunciou que o partido ficaria vinte anos no governo. Até que foi modesto, pois, ainda neste século XX, houve quem prometesse mil anos de poder a si mesmo.

Se o anúncio fosse feito por um teórico do partido, um dos muitos filósofos amigos do presidente, não deveria ser levado a sério. Mas o aviso foi dado pelo tesoureiro – que devia saber a munição que tinha na mala e na caneta.

30/5/2000

O teto e o pão

Semana retrasada, aí em São Paulo, tive a honra de fazer a palestra inaugural do Instituto Metropolitano de Altos Estudos (Imae) tendo como tema a literatura e a política – confronto e consenso.

Fui recebido com tapetes vermelhos pelos responsáveis pelo instituto, os professores Edevaldo Alves da Silva, José Aristodemo Pinotti, Luiz Gonzaga Belluzzo, José Cretella e Arnaldo Niskier.

Uma das perguntas que me fizeram foi sobre como me definiria ideologicamente, uma vez que belisco ao mesmo tempo na literatura e no jornalismo político. Defini-me com a ajuda de Eça de Queiroz, trecho que li em suas *Notas Contemporâneas*. Cito de memória:

"Diante das misérias humanas, com o fracasso da monarquia e da república, da democracia e da ditadura em realizar a única missão urgente, vendo tanto velho sem teto, tanta criança sem pão, não me restou senão a alternativa de um anarquismo entristecido, humilde e inofensivo." Disse mais. "Sem disciplina suficiente para ser de esquerda, sem firmeza necessária para ser de direita, não me sinto confortável na imobilidade tática do centro."

O que me sobra seria o anarquismo, que tem dois furos históricos. Primeiro, pressupõe a realização de uma utopia desvairada, a sociedade sem leis nem poder, cada qual cuidando do bem comum como a soma do bem pessoal.

Segundo, de tão improvável na prática, o anarquismo gerou através dos séculos a caricatura do cara que joga bombas nas creches, tenta enforcar o último rei com as tripas do último papa.

Como nunca tivemos anarquia estruturalmente definida e operada racionalmente, por exclusão desdenho a monarquia e a república, a ditadura e a democracia.

Fico na minha: o teto e o pão para todos, seja lá como for, desde que com liberdade para ser do contra ou a favor.

4/6/2000

Caricatura de presidente

Cada vez que o presidente da República dá um giro lá fora, a impressão que fica é a de uma caricatura, às vezes pomposa, às vezes ridícula, como é da natureza das caricaturas.

Antenado para o auditório mais próximo fisicamente, ele fala qualquer coisa sobre qualquer tema. Sabe que dois e dois são quatro e essa obviedade é brandida em todas as situações, mas sempre com deslumbrada ênfase acaciana, de verdade recém-descoberta e inapelável.

Lá fora, como lembrou o editorial de domingo da *Folha*, se comporta como o líder da oposição de um país atolado na corrupção, na concentração de renda mais injusta do planeta, no servilismo mais explícito ao Consenso de Washington.

Teve cinco anos e meio de governo, tem à disposição a usina de decretos-leis que nem todos os ditadores tiveram, pois as medidas provisórias de que tanto abusa nada mais são do que leis que, podendo ser reeditadas, deixam de ser provisórias.

Com esse arsenal de força, fez e continua fazendo as opções mais antinacionais e, simultaneamente, mais perversas. Conduz o país a um estado de exaltação que começa a se manifestar em agressões ainda preliminares, mas que tendem a se repetir.

Até que, de duas uma: ou teremos uma ruptura do processo da democracia formal ou entraremos naquela zona de risco de uma guerra civil.

O mais ridículo nessa caricatura de presidente da República é que ele continua cobrando, ninguém sabe de quem, uma ação mais voltada para o social. Cada vez que toca no assunto, ele dá a impressão de que nada tem com a realidade de seu governo.

Afinal, quem é o verdadeiro presidente da República? O ator que imita o presidente lá fora? Ou o presidente que aqui dentro nada tem com o ator que o imita?

6/6/2000

Mosca morta

Nem tive tempo para comentar um assunto que considero importante. Com anos de atraso, vão afinal investigar a compra de votos de congressistas por ocasião da emenda que alterou a Constituição e tornou o presidente da República reelegível.

Na época, depois da denúncia feita pelo jornalista Fernando Rodrigues, seria mole apurar os fatos. Mas uma pedra caiu sobre o escândalo. Ficou apenas a evidência dele, uma vez que os suspeitos preferiram renunciar ao mandato a fim de colaborar com o abafamento do caso.

Durante todo esse tempo, acho que pelo menos uma vez por mês eu lembrava a compra dos votos, somente por desencargo de consciência. Como outros assuntos envolvendo a vida pessoal do presidente, esse ficou taticamente escondido pela classe política, à espera de melhor oportunidade para cobrar a fatura.

Não sei se é chegado o momento. Afinal, a popularidade presidencial anda baixa, houve rachas no esquema que o sustenta e, com o precedente de Fujimori, é possível que o terceiro mandato esteja ferido de morte.

Todos esses fatores podem desaguar numa investigação, que afinal será ociosa. Como ficou ociosa a descoberta, quase duzentos anos depois, de que dom João VI morreu envenenado.

O caso da compra de votos não precisa de DNA. Foi revelado com nomes, datas e cifras. Foi confirmado pela fuga de pelo menos alguns parlamentares que tiveram nome, endereço e CPF divulgados.

A classe política e a mídia abafaram o escândalo porque quiseram, achando que com isso lucravam alguma coisa. Talvez tenham lucrado, à custa de mais um crime que ficou, além de impune, sepultado pela cumplicidade que agora, tardiamente, talvez seja revelada.

No episódio Collor, também a classe política e a mídia comeram mosca. Só a vomitaram quando a mosca, além de mosca, tornou-se mosca morta.

7/6/2000

"Esqueçam o que eu fiz"

A pouco mais de dois anos do fim de seu segundo mandato, mas ainda com esperanças de descolar um terceiro, seja em regime presidencialista, parlamentarista ou qualquer outro que lhe sirva ao propósito de ficar no poder, o presidente da República já tem engatilhada a frase com que enfrentará a história.

"Esqueçam o que eu fiz!" Como Dom Casmurro, que na velhice quis atar as duas pontas de sua vida, reconstruindo a casa da rua Mata Cavalos da sua infância, o presidente deseja voltar ao passado – no qual, sinceramente ou não, por convicção ou oportunismo, defendia causas sociais e moralidade de costumes políticos.

Tendo ou não pedido que esquecessem o que havia escrito antes, o fato é que o Dr. Jekyll tomou a poção do poder e transformou-se no Mr. Hyde que conhecemos. Bem verdade que, quando viaja, a distância funciona como antídoto do veneno e ele readquire o discurso antigo, tornando-se oposição a ele mesmo.

Com o fim do mandato, ou em campanha para obter um novo, ele já terá pronto o *slogan* com que enfrentará a nova etapa de sua esforçadíssima carreira política: "Esqueçam o que eu fiz!".

Esqueçam as privatizações catimbadas, esqueçam a âncora cambial que desmantelou o parque industrial brasileiro, esqueçam a ajuda aos bancos falidos e operados fraudulentamente, esqueçam o projeto Sivam, a compra dos votos para a reeleição, esqueçam sobretudo a minha alacridade quando pensava estar governando a Suíça.

Desde criancinha, o presidente sabe que o povo brasileiro precisa de educação, saúde, casa, trabalho e segurança. Num momento de insanidade eleitoral, prometeu tudo isso, mas pediu que esquecessem. Chegará o dia em que pedirá o esquecimento do esquecimento. Não precisaria nem pedir: será esquecido mesmo. Ou lembrado como simples aventureiro do poder.

21/6/2000

2000: Nosso homem em Brasília   189

Tamanho descalabro

Mais uma vez, o Fernando Rodrigues me tirou o pão da boca, comentando a nota oficial do Planalto sobre o envolvimento do Eduardo Jorge no caso do TRT de São Paulo. E em outras supostas irregularidades administrativas.

Mesmo assim, toco no assunto que a nota oficial considerou um descalabro tamanho. Antes de mais nada, deve-se destacar o conselheiro Acácio que redigiu a nota, traindo, em forma e conteúdo, o estilo do próprio presidente.

"Como é doloroso ver uma família enlutada!" ou "É sempre uma temeridade descer uma escada íngreme sem o auxílio do corrimão". Duas sentenças de Acácio, que na certa consideraria o caso Eduardo Jorge um "tamanho descalabro".

Evidente que ninguém duvidará de que é doloroso ver uma família enlutada. É saudável o conselho de descer escadas íngremes com a ajuda de um corrimão. As entranhas do Planalto, onde Eduardo Jorge pontificou durante tantos anos e com tanta intimidade, criam suspeitas de dolo e crime, mas desde já revelam o tamanho descalabro detectado na nota oficial.

Descalabro que se torna maior quando, ao contrário de Collor, que não impediu a CPI que provocaria o seu impedimento, o Planalto ameaça fazer tudo, o possível e o impossível, para sabotar a necessária investigação.

Sabe-se que, na esfera pública, não se compra nem se vende uma lata de goiabada sem a intermediação de alguém chegado aos centros de decisão. No primeiro mandato de FHC, o que se vendeu dos bens patrimoniais do Brasil foi uma fábula, fábula que quase não entrou nas burras nacionais, ficando pelo caminho dos intermediários de plantão.

Tanto Eduardo Jorge como principalmente seu ex-chefe e amigo, se tiverem um mínimo de decência, serão os principais interessados em esclarecer tamanho descalabro.

13/7/2000

O rei e a rainha

Durante mais de quatro anos, o Brasil foi presidido por um relações públicas, bem falante, fluente em idiomas, simpaticão, meio gozador. Sua meta única era ficar no poder o maior tempo possível.

Para evitar que o comparassem a uma rainha da Inglaterra, ele se dedicou a uma tarefa que lhe dava pouco trabalho, mas assunto para muita verbalização: redesenhar o Estado.

Durante mais de quatro anos, o Brasil foi governado executivamente por um pequeno e selecionado grupo de funcionários, no qual se destacavam o finado Sérgio Motta, truculento, boquirroto, encarregado de fazer o esquema durar vinte anos no poder; e Eduardo Jorge, o assessor pessoal, mão e contramão de tudo o que entrava e saía do gabinete da rainha, cuja caneta liberava verbas, nomeava e desnomeava, fazia funcionar a máquina do Estado.

Deslumbrado com o próprio verbo, é possível que a rainha nem tenha tomado conhecimento da banalidade administrativa, que não é o seu forte. Como invocar Max Weber na hora de autorizar uma verba ou demitir um postalista mensal de Porciúncula?

Durante mais de quatro anos, os escândalos se sucederam. No ringue das privatizações, estatais milionárias como a Vale do Rio Doce foram vendidas por preços macetados. Empurrou-se a indústria nacional até às cordas da insolvência. Socializaram-se os prejuízos dos bancos e privatizaram os lucros da ciranda financeira internacional.

Cada operação tinha um preço, tanto na compra como na venda. Dentro da sadia economia do mercado, cada compra ou venda tem direito a comissão. Somando tudo, as contas encontradas em Cayman são irrisórias.

Não se precisa de fitas nem de dossiês, falsos ou verdadeiros, para que a nação fique sabendo o que realmente se passou durante mais de quatro anos nos porões do Planalto.

17/7/2000

Fidelidade ao Reich

Acredito sinceramente que o presidente da República não tenha lido o documento relativo às verbas do TRT (Tribunal Regional do Trabalho) paulista. Impossível o executivo de uma grande empresa ler tudo o que passa pelo seu expediente. Dizem que Getúlio o fazia – mas os tempos eram outros e menor a papelada oficial.

Apesar disso, sua responsabilidade no escândalo é inarredável. Preocupado em redesenhar o Estado, em citar Weber, Bobbio e outros intelectuais, ele desdenha a banalidade do expediente que lhe compete, transferindo os catataus para os homens de sua confiança.

E aí é que a sua situação se complica. Já teve um chefe de cerimonial que foi afastado por causa de um grosso escândalo, o do Sivam. Seu amigo mais chegado, o falecido Sérgio Motta, ministro todo-poderoso enquanto durou, foi citado nominalmente como provável corruptor de congressistas no caso da compra dos votos pela emenda da reeleição.

Outros homens de sua absoluta confiança também foram envolvidos no caso das teles, do Banco Central, não houve estouro na praça em que, direta ou indiretamente, não houvesse um dos varões que o presidente da República alçou ao primeiro escalão.

O presidente não leu o que assinou. Pediu que esquecessem o que escreveu antes de chegar ao poder. Sua leviandade pelo que assina ou escreve é espantosa. Não se pode acreditar que tenha alguma coisa a ver com as contas em Cayman. Em matéria de dinheiro, pessoalmente ele é honesto. Mesmo assim, fica a dúvida: e se ele abriu uma conta no exterior sem saber o que estava fazendo?

Um dia, disseram a Hitler que Goering havia roubado quadros de um museu de Paris, levando-os para seu museu particular. Hitler sorriu e comentou: "Ele é fiel ao Reich, é fiel a mim!". Como os tempos também eram outros, nem precisou assinar nada.

19/7/2000

Os gregórios

Não sei se o *Aurélio* dicionarizou o nome "gregório" como sinônimo de ladrão, bandido e até mesmo de assassino, cujo poder está ligado a alguém mais poderoso do que ele. Estando ou não no dicionário, os gregórios ficaram na história do Brasil a partir de 1954, quando Vargas deu um tiro no peito.

Um tal Gregório Fortunato, chefe da sua guarda pessoal, havia encomendado um crime, a fim de eliminar Carlos Lacerda. Nas investigações posteriores, ficamos sabendo que empresários, autoridades, políticos, parlamentares e militares bajulavam Gregório, tratando-o inclusive de "ministro", pedindo-lhe favores e pagando-lhe a intervenção em processos e causas miúdas.

Seu gabinete era no porão do Catete. Traficava influências, tinha dois supermercados em Copacabana e uma cega fidelidade ao chefe. Do qual só se aproximava quando em comitivas ou cerimônias públicas. Era o seu leão-de-chácara mais ostensivo, uma vez que não havia ainda a instituição dos atuais seguranças.

Tantas fez que Vargas acabou suicidando-se. Sendo um homem de bem, não suportou a idéia de que estava cercado por um "mar de lama".

Enquanto não temos a transposição das águas do rio São Francisco, façamos a transposição dos gregórios. Eles não mais se escondem nos porões do poder. Ocupam salas vizinhas ao presidente.

Um chefe do cerimonial, um ministro-tesoureiro da campanha eleitoral, outro ministro também tesoureiro (na segunda campanha), amigos do peito em postos de primeiríssimo escalão, foram acusados de improbidade, tráfico de influências, venda de informações privilegiadas e compra de votos.

Evidente que não provocarão um final cruento como o de Vargas. Os homens não são os mesmos. Mas reduziram o atual presidente a uma espécie de legume, de poder vegetativo, refém de seus amigos e aliados.

22/7/2000

Mão suja

Se o presidente da República não fosse tão insensível ao ridículo, ele nunca deveria falar em mãos. Nem limpas, nem muito menos sujas. Bem verdade que ele tem um fabuloso estômago para digerir não apenas buchada de bode, mas os sapos que vai engolindo com patética regularidade.

Todos lembramos aquela mão espalmada prometendo saúde, educação, trabalho, segurança e desenvolvimento. Evidente que ele esqueceu o que prometeu, ou aceitou fazer aquela promessa sem saber o que realmente estava fazendo.

Fala agora em mãos limpas, dando a entender que há mãos sujas no pedaço. Sim, todos sabemos que há mãos sujas desviando recursos do povo. Não faz muito, Ciro Gomes disse alguma coisa nesse sentido.

O presidente do Banco Central depôs a favor de um foragido da Justiça acusado de um rombo de 1 bilhão e meio nos cofres nacionais. Um banquinho insignificante poderia causar um choque endêmico no sistema. Logo, não podia ir para o brejo, o povo teria de impedir o desastre pagando o prejuízo.

Onde está a mão limpa neste caso? Onde estão as mãos limpas nos sucessivos *lobbies* de EJ, medusa que se embarafustou em todos os grotões do poder?

O único cidadão da República que no momento não pode falar em mão limpa é exatamente FHC. Afinal, de quem é a mão que assina o expediente oficial, de onde saem os esqueletos que andam por aí?

O mais assombroso é que ele se refere a mãos limpas como se a clamorosa sujeira da atual fase da vida publica estivesse sendo administrada pela oposição, pelos descontentes com o progresso que o governo está trazendo ao país, pelos idiotas e derrotistas que se recusam a abafar os escândalos que se sucedem sem apuração e sem punição.

29/8/00

Notas

1   Em maio de 1995, os petroleiros entraram em greve para que a Petrobrás cumprisse protocolo assinado em novembro de 1994 em que se comprometia a rever sua folha de pagamentos para fazer aproximações entre salários maiores e menores, aumentando os ganhos dos seus empregados sem fazer um reajuste formal. O acordo foi referendado verbalmente pelo então presidente da República Itamar Franco.

2   Em abril de 1995, a imprensa noticiou que recursos do Fundo Social de Emergência (FSE) foram usados para comprar goiabada em lata cascão. O FSE foi criado para custear "ações dos sistemas de saúde e educação, benefícios previdenciários e auxílios assistenciais de prestação continuada" e "programas de relevante interesse econômico e social".

3   Por meio do Programa de Estímulo à Reestruturação e ao Fortalecimento do Sistema Financeiro Nacional (Proer), o governo destinou bilhões de reais a alguns bancos para, supostamente, evitar que o Plano Real fosse ameaçado. Atividades ilegais por parte de vários bancos e dificuldades de adaptação à queda da inflação foram os principais motivos que levaram às crises que atingiram o sistema financeiro.

4   O Sistema de Vigilância da Amazônia (Sivam) foi orçado em R$ 1,4 bilhão e a escolha da empresa responsável por sua instalação foi feita com dispensa de licitação sob alegação de "segurança nacional". Houve denúncias de suborno de autoridades públicas e tráfico de influência. O chefe de Cerimonial do Palácio Planalto, Júlio Cesar dos Santos, que teve telefones grampeados, e o ministro da Aeronáutica, Mauro Gandra, foram demitidos devido às denúncias.

5   Em fevereiro de 1996, escândalos atingem os bancos Econômico e Nacional. No primeiro, o banqueiro Ângelo Calmon de Sá é indiciado por sonegação fiscal e crime do colarinho branco; no segundo, constata-se a realização de empréstimos fraudulentos de R$ 5 bilhões, que teriam levado à quebra do banco. A imprensa apurou que o governo sabia das irregularidades mas preferiu financiar a venda do Nacional ao Unibanco, para não desestabilizar o sistema financeiro.

6   Em 17 de abril de 1996, 19 trabalhadores ligados ao MST (Movimento dos Trabalhadores Rurais Sem Terra) são assassinados em Eldorado dos Carajás (PA) pela Polícia Militar, que tinha a incumbência de desobstruir a Rodovia PA-150. A autópsia mostrou que vários trabalhadores mortos foram executados quando já estavam dominados pelos policiais.

7   As investigações da CPI que levou ao *impeachment* do ex-presidente Fernando Collor mostraram que foi construído na Casa da Dinda – propriedade da família Collor utilizada como residência oficial do presidente durante seu mandato – um jardim interno, com cascatas artificiais, ao custo de US$ 2 milhões. O dinheiro para pagar as despesas foi fornecido por Paulo César Farias, o PC, ex-tesoureiro da campanha de Collor.

8   *Così fa tutte*, ópera de Mozart com libreto de Lorenzo da Ponte.

9   Anões do Orçamento: deputados responsáveis pelo esquema corrupto de manipulação do Orçamento Geral da União. Entre outras irregularidades, recebiam comissões para favorecer empreiteiras e desviavam recursos para entidades de assistência social fantasmas. Uma CPI apurou o caso.

Escândalo dos precatórios: fraude envolvendo o pagamento de débitos judiciais do poder público. A Constituição de 1988 autorizou Estados e municípios a emitir títulos financeiros para quitar estes débitos. Mas, principalmente na prefeitura de São Paulo, o processo de lançamento desses papéis acabou gerando falcatruas. Do dinheiro arrecadado com os títulos lançados, só uma pequena parte foi usada para pagar precatórios. O restante foi desviado para outras finalidades, incluindo financiamento de campanhas eleitorais. Uma CPI foi instalada no Senado para investigar o assunto.

10 Restaurante no Centro da cidade do Rio de Janeiro, freqüentado principalmente por estudantes secundaristas. No dia 28 de março de 1968, a polícia invadiu o restaurante, causando grande conflito. Vários estudantes foram feridos e um deles, Edson Luís de Lima Souto, foi morto. Em conseqüência, ocorreram inúmeros protestos populares em diversas cidades do país.

11 Trata-se do Imposto Provisório sobre Movimentação Financeira (IPMF), instituído pela primeira vez em 1994 e renovado anualmente. Em 1997 foi transformado em Contribuição Provisória sobre Movimentação Financeira (CPMF).

12 Em 8 de janeiro de 1998, o senador Roberto Requião (PMDB-PR) divulgou a gravação de uma conversa entre seu irmão, o deputado federal Maurício Requião (PMDB-PR), e o então chefe de gabinete do Ministério da Saúde, Marcelo Azalin, em que este afirma que o atendimento das emendas do parlamentar ao Orçamento da União dependeria de um acerto político com o Palácio do Planalto, a ser intermediado pelo então ministro da Articulação Política, Luiz Carlos Santos.

13 Em janeiro de 1998, a imprensa noticiou que o *Diário Oficial da União*, que divulga leis, nomeações e editais, havia publicado anúncios do livro *A Utopia Viável*, sobre a "trajetória intelectual de Fernando Henrique Cardoso". O livro – editado pela Imprensa Nacional – reúne ensaios escritos por FHC e outros intelectuais e mostra, segundo o anúncio, a "atualização progressiva" das idéias de FHC e as "adapta aos conceitos de realidade em movimento".

14 No início de 1998, os Estados Unidos atacaram o Iraque, alegando que este país possuía arsenais de armas químicas e bacteriológicas, fábricas de armas nucleares e dificultava o trabalho dos inspetores da ONU no país para checar a eliminação de armas de destruição em massa. A eliminação foi uma condição imposta para o fim do embargo comercial ao Iraque, imposto em 1990 após a invasão do Kuait. O governo brasileiro apoiou o ataque norte-americano.

15 Aula magna proferida pelo presidente em 8 de abril de 1998 na inauguração do curso de pós-graduação na Universidade Sarah, em Brasília. A aula durou 45 minutos e teve como tema "Conhecimento e Poder". Um dos ensinamentos do presidente foi que a ética do político é diferente da ética do cientista. Enquanto o segundo é obrigado a sempre dizer a verdade, o homem de Estado não pode dizer tudo que sabe, sob pena de prejudicar a nação, afirmou FHC durante a aula.

16 Ao tomar posse em 8 de abril de 1998, o novo ministro do Trabalho, Edward Amadeo, afirmou que "não há crise de emprego, mas tendências preocupantes com as quais temos que lidar rapidamente". Segundo ele, o governo deveria aumentar a empregabilidade do trabalhador, isto é, dar qualificação para exercer funções variadas.

17 Referência ao novo ministro das Comunicações, nomeado no final de abril de 1998, Luiz Carlos Mendonça de Barros. Barros havia sido diretor do Banco Central à época do Plano Cruzado (1986), sócio do banco Matrix e, já no governo FHC, presidente do BNDES. No final de 1998, quando era cotado para assumir o novo Ministério do Desenvolvimento, vieram a público gravações de telefonemas sobre o leilão da Telebrás, em que vários membros do governo, entre os quais Mendonça de Barros e o presidente do BNDES, André Lara Resende, diziam atuar a favor de um dos grupos concorrentes.

18 O nascimento – em 28 de julho de 1998 – da filha da apresentadora de TV Xuxa Meneghel e do ator Luciano Szafir, Sasha, foi tratado pela mídia brasileira como um dos mais importantes acontecimentos do ano. O caso da suposta convulsão que teria sofrido o jogar Ronaldinho, da seleção brasileira de futebol, no dia do jogo final da Copa do Mundo de 1998 contra a França, foi também um dos temas que geraram mais especulações na imprensa.

19 Sobre os telefonemas grampeados do ministro das Comunicações, ver nota 17. O caso dos deputados estaduais do Rio de Janeiro revelava, por meio de uma série de gravações divulgadas em dezembro de 1998, que alguns parlamentares estavam negociando seu apoio à privatização da Companhia Estadual de Água e Esgoto (Cedae) em troca de quantias entre 60.000 e 70.000 dólares.

20 Michel Camdessus: à época, diretor-gerente do Fundo Monetário Internacional (FMI).

21 Modelo que ganhou fama por sua semelhança física com a cantora Fafá de Belém. No Carnaval de 1994, voltou às manchetes por ter acompanhado o então presidente Itamar Franco em seu camarote no Sambódromo, no Rio de Janeiro. Na ocasião, fotos divulgadas pela imprensa mostraram que a modelo estava vestida apenas com uma camiseta, sem calcinha.

22 *As barbas do imperador*. São Paulo, Cia. das Letras, 1999.

23 Bate-boca entre os senadores Antônio Carlos Magalhães (PFL-BA) e Jáder Barbalho (PMDB-PA) na tribuna do Senado. Por trás da briga entra a disputa por mais espaço e poder no governo federal.